U0504672

赋能成长

九年一贯制学校家庭教育指导 一体化的实践研究

王 静·著

上海三联书店

打通最后一公里:学校家庭教育
指导的自觉担当

  上海市古美学校是一所九年一贯制学校,在当下复杂多元的教育环境中,学校家庭教育面临着诸多亟待解决的问题。长期以来,家庭教育指导研究领域存在"理论悬浮"与"实践盲动"的困境,重引进外国经验和理论、轻本土实践总结和理论构建的风气盛行,这在古美学校也有所体现。学校在开展家庭教育指导工作时,常常陷入理论与实践脱节的泥沼,家庭教育指导体系呈现出"碎片化"的状态,缺乏系统性和整体性。教师、家长、外部专家、政府、社区等各方力量未能有效整合,导致家庭教育指导难以形成强大的合力,无法满足学生全面发展的需求。

  然而,古美学校并未在困境中停滞不前,而是以一种勇于探索和担当的姿态,开启了家庭教育指导一体化的创新之路。学校在理论层面,构建出了"三位一体"(组织与领导一体化、家长教育与指导一体化、教师专业发展一体化)的学校家庭教育指导一体化建设体系。这一体系与我们所提出的"新时代我国家庭教育指导服务体系的理论模型"形成上下行理论对话,精准契合未来"一体化设计、一体化建设和一体化管理"的发展要求和趋势。同时,学校还提出了学校家庭教育指导一体化的四大行动框架:目标共识、行动一致、组织协力和资源共享,与我们提出的"新时代学校家庭社会协同育人的逻辑理路"遥相呼应。

在实践过程中,古美学校将目标、行动、组织和资源进行全面整合,把教师(全员)、家长、外部专家、政府、社区纳入学校家庭教育指导体系建设。通过这种全方位的整合,家庭教育指导实现了从"碎片化"到"系统化",再从"系统化"升格为"一体化"的质的飞跃,完成了从"教学任务"到"教育生态"的转变。

古美学校的探索在多个方面取得了突破性的进展。在价值层面,学校展现出高度的价值自觉。无论是学校中长期计划,还是校内家庭教育指导服务的具体工作,抑或是家长教育的目标,都统一到"'立德树人',为我国我党培养新时代'四有'社会主义建设者和接班人"这个终极目标上来。这种将育人目标贯穿于学校各项工作始终的做法,为家庭教育指导注入了强大的精神内核。在专业层面,学校彰显出鲜明的专业自觉。一方面,在理论上构建了"三位一体"的一体化校内家庭教育指导行动框架,而非仅仅停留在简单的理论知识块状条陈。另一方面,在实践上,为满足家长对专业化指导的需求,学校围绕家庭教育指导课程开发与实施层层推进,连续策划开展三大专业研究课题。通过前期家长和教师调研、中期严谨认证、后期科学课程规划与实施,以及过程评估反馈改进等专业化、体系化的作业规程,保障了解决方案的可行性和有效性。在行动层面,学校体现出坚定的行动自觉。与其他学校一样,古美学校也面临着专业教师不足、经费短缺等资源不足的问题。但学校并未消极等待、被动接受上级行政驱动,而是主动出击,利用各种资源建设"五个联盟"（家校联盟、实践联盟、研究联盟、发展联盟、指导联盟），有效整合了各方资源，为家庭教育指导工作的开展提供了有力支撑。

正是学校体现出的价值自觉、专业自觉与行动自觉，学校取得了一系列成果：在理论上构建了《学校家庭教育指导制度参考体系》《学校家庭教育指导评价体系框架》，应用CIPP理论编撰了《学校家庭教育指导项目评估指标体系（大纲）》，表现出相当的专业功底和创新素养。

古美学校的这种探索，对于全国的学校而言，具有极为重要的指导意义。它打破了传统家庭教育指导的局限，为其他学校提供了可借鉴的模式和经验。它提示我们，家庭教育指导变革和向上向好发展不必拘泥于宏观政策的完美设计，每个教育现场都蕴含着创新改善的可能。相信只要像古美学校一样，以一体化的理念和行动自觉，积极探索、勇于担当，就一定能够构筑起学校家庭教育指导的新样态，让每一个孩子都能在更加优质的教育环境中全面发展、快乐健康成长，朝着"人人成功"的目标不断迈进。

是为序。

边玉芳

2025年5月

目　录

上篇:绪　论

下篇：实践与研究

上篇:绪　论

第1章 研究背景与核心概念

1.1 研究背景

1.1.1 政策驱动与社会服务体系建设需求

党和国家高度重视家庭教育指导,先后出台了多项政策和文件,推动家庭教育指导事业发展。《国家中长期教育改革和发展规划纲要(2010—2020年)》首次明确家庭教育在国民教育体系中的基础地位,提出建立家庭教育指导服务体系。教育部等九部门联合发布《关于指导推进家庭教育的五年规划(2016—2020)》,要求构建覆盖城乡的家庭教育指导服务体系。2022年正式施行的《中华人民共和国家庭教育促进法》更是对全社会如何开展家庭教育指导服务工作、建立健全家庭学校社会协同育人机制提出了法制化要求。

当前,家庭教育指导服务体系正在积极构建之中,家校社协同育人格局正在形成。但我国的家庭教育指导服务体系建设、服务水平和服务效果仍有待提升,其主要表现为:服务体系在构建过程中面临家校社政协调不顺畅、缺乏系统规划、机构重建设轻应用、服务内容和人员专业化不足、资源资金不足,以及缺乏有效监测评估机制等困境(罗芮,2022①;陈福美等,2022②;李亚玲,2022③;高书国等,2022④)。

学校作为社会家庭教育指导整体体系中的一环,是整体社会指导体系的投射。同时,社会家庭指导服务整体体系的不完善,也会影响学校家庭教育指导体系建设、服务水平和效果,因此总结和研究学校的家庭教育指导体系,既是政策驱动,亦是为完善社会家庭教育指导整体服务体系所需。

1.1.2　家长对优质家庭教育指导的诉求

当前,学校是家庭教育指导的主阵地,也是家长最主要的接受家庭教育指导的渠道。但学校主导的家庭教育指导难以满足家长的实际需求,导致家长对现有的家庭教育指导存在诸多不满。这些不满主要体现在以下几个方面:首先,家庭教育指导内容缺乏针对性和实用性。许多学校的家庭教育指导往往停留在理论层面,缺乏具体可行的操作方法。其次,家庭教育指导形式单一,缺乏互动性。当前,多数学校主要采用讲座、家长会等形式,这些单调的家庭教育指导形式往往缺乏互动性和参与性,导致家长难以真正

---

① 罗芮.我国家庭教育指导服务体系的现状分析及构建建议——基于 2011—2021 年 CNKI 期刊数据分析[J].天津电大学报,第 26 卷第 1 期.
② 陈福美等.学校视角下的家校社协同育人现状与问题分析——基于我国八省(自治区)的实证调查[J].中华家教,2022 年第 6 期(总第 366 期).
③ 李亚玲.中国家庭教育指导服务现状研究[J].中国多媒体与网络教学学报,2022(219).
④ 高书国,边玉芳.乡村振兴背景下乡村家庭教育指导服务体系构建[J].教育发展研究,2022.10.

理解和应用。再次,家庭教育指导缺乏持续性和系统性。家长在接受指导后往往缺乏有效的跟进和反馈,难以将指导内容转化为长期的教育行为。此外,部分家长认为学校的家庭教育指导缺乏平等感、参与感和归属感(王静,2022[①];金靓,2021[②])。

上述学校家庭教育指导服务上的不足,本身就是学校家庭教育体系的不足。为了满足家长的实际需求,弥补这种不足,亟须开展家庭教育指导体系建设总结与研究,以便构建更加符合家长需求的家庭教育指导服务体系。

1.1.3　微观学校实践的研究必要性

当前家庭教育研究存在明显的"倒金字塔"现象。笔者团队通过中国知网文献计量分析(2013—2024),以"家庭教育指导服务体系"为主题的 261 篇文献中,宏观政策研究占 56.4%,县市层面实践研究占30.5%,学校微观研究仅占 5%。这种学术格局与教育实践之需求严重错位。

在国家社会宏观层面,研究者主要关注家庭教育指导服务体系的政策制定、资源配置和制度建设等。在县市中观层面,研究者主要关注家庭教育指导服务体系的区域特色和实践模式等。这些研究为家庭教育指导服务体系的构建提供了宏观的指导和支持。然而,这些研究往往缺乏针对性和可操作性,难以直接指导微观的

---

①　王静等.上海市家庭教育重点课题《小初衔接中提升学生成长适应性的家长指导课程优化研究》结题报告[R].上海市古美学校,2022.
②　金靓.初中家庭教育指导的现状调查与改进策略研——基于家校合作的角度[D].南京信息工程技术学院,2021.

学校层面的实践。相比之下，学校作为家庭教育指导服务体系建设的关键主体，其在整个家庭教育指导体系中的作用至关重要，而针对微观学校层面的家庭教育指导体系的研究却极少。

家庭教育的"最后一公里"必须落地在学校。因此，为了推动家庭教育指导服务体系建设在微观层面的实施，亟需开展针对微观学校层面的研究。深入研究学校层面的家庭教育指导体系，有助于构建更加符合学校实际情况和家长需求的家庭教育指导模式、方法和策略，为其他学校提供可借鉴乃至可复制的模式和方法，具有非常重要的现实意义。

1.1.4　突破学校发展瓶颈的关键路径

尽管很多学校在明面上开发出较为完备的家庭教育指导内容，建立了相对完善的指导服务机构和平台，也采用多了种形式的指导模式，取得了一些成绩。但不可否认的是，当前学校家庭教育指导工作不理想：不少教师认为家庭教育指导非本职工作，存在动力缺失现象；家长学校、家委会和家庭教育领导小组以及各执行单位之间沟通不畅，存在不推不动的现象；家校社协作方面，家长和社区参与度不高，存在积极性偏低的现象；资金短缺；过程与结果缺乏评估；教师专业培训不足；专项指导严重缺位；教师的角色定位有失偏颇，职责边界模糊不清；校家庭教育指导服务"缺位""越位""错位"等（李媛媛，2023[①]；杨莉，2024[②]）。家校合作作为现代

①　李媛媛，柳海民.学校家庭教育指导的价值、困境与出路[J].教学与管理，2023(30)：39—44.
②　杨莉.学校开展家庭教育指导服务的困境及其突破[J].教学与管理，2024(07)：16—20.

学校的制度安排、法律规定的义务和职责，上述缺憾也必然影响学校声誉和发展。

另外，学校向上发展需要突破瓶颈。上海市新优质学校研究所所长汤林春博士等学者在总结十年几百所学校的发展经验上，提出学校向优向强路径突破的五大策略，其中一条就是"发挥家校社协同育人作用提升治理能力"，优质学校的创建过程就是建立和维护与家长、学生、教师和社区关系的过程（汤林春，2023）①。古美学校作为上海市家庭教育示范学校和家门口的好学校，也存在诸如组织管理、课程开发、教师专业发展等系统性问题，若要继续向优向强发展，就有必要从家校社协同育人那里获取能量。

因此，无论是学校需要借力家校社协同力量来突破发展瓶颈，还是为了更好开展家庭教育指导工作，都有对家庭教育指导体系进行研究的必要。通过深入研究，可以为构建更加系统的科学的家庭教育指导事业提供理论和实践养分，反哺学校整体提升。

1.2　核心概念

1.2.1　家庭教育的定义与内涵拓展

根据《中华人民共和国家庭教育促进法》第二条规定，家庭教育是指父母或者其他监护人为促进未成年人全面健康成长，对其实施的道德品质、身体素质、生活技能、文化修养、行为习惯等方面

---

① 汤林春，冯明主编.新优质学校成长路径［M］.上海：华东师范大学出版社，2023 年：第 107 页.

的培育、引导和影响。

对于促进法对家庭教育的定义，我们可以解析如下：首先，该定义明确了父母或其他监护人是家庭教育的实施主体；其次，教育内容的丰富和多维层次，重点在五个方面，即道德品质、身体素质、生活技能、文化修养、行为习惯；第三，教育途径的多样——培育、引导和影响。"培育"即为有意识的知识传授，"引导"可以理解为有明确的方向和目的指引，而"影响"则不仅包括前两者，还包括通过监护人的无意识行为（如日常习惯、情绪表达）或家庭环境（如文化氛围、成员关系）自然渗透。例如，父母在餐桌上讨论社会事件时的价值判断会潜移默化塑造孩子的世界观，这种影响甚至超过刻意组织的思想品德课。

特别注意的是，受建构主义理论[①]与实践的影响，人们开始接受将家庭教育外延扩大的事实，即认为孩子也是家庭教育的塑造者，家庭教育的本质就是亲子互动关系（Jerry J. Bigner，2012）[②]。这个理念也在《中华人民共和国家庭教育促进法》和《全国家庭教育指导大纲（修订）》得到体现。前者规定"未成年人的父母或者其他监护人实施家庭教育，应当关注未成年人的生理、心理、智力发展状况，尊重其参与相关家庭事务和发表意见的权利"[③]，合理运用

---

① 皮亚杰的认知发展理论强调儿童通过主动探索建构知识体系，维果茨基的"最近发展区"理论则揭示教育需基于双向互动实现潜能激发。这意味着孩子并非被动接受容器，而是具有能动性的参与者。

② ［美］Jerry J. Bigner 著，郑福明、冯夏婷译.亲子关系——家庭教育导论（第 8 版）［M］.高等教育出版社，2012 年 8 月第 1 版，第 15—19 页.

③ 中华人民共和国家庭教育促进法.中国人民政府网 http://www.moe.gov.cn/jyb_sjzl/sjzl_zcfg/zcfg_qtxgfl/202110/t20211025_574749.html.

多种方式方法,其中就包括"平等交流,予以尊重、理解和鼓励"、"相互促进,父母与子女共同成长"等。后者也提出"家庭教育是家长和儿童共同成长的过程。"①

在本书中,我们认同《中华人民共和国家庭教育促进法》在法律意义上对家庭教育的定义,即指父母或者其他监护人为促进未成年人全面健康成长,对其实施的道德品质、身体素质、生活技能、文化修养、行为习惯等方面的培育、引导和影响。但在家庭教育的实践过程中,家长要坚持家庭教育是家长和儿童共同成长的过程这一理念,要重视家庭教育发生的情景,将孩子作为平等的参与主体,乃至为自己的"老师"。

1.2.2 家庭教育指导的概念阐释

2019 年修订版的《家庭教育指导大纲(修订版)》将家庭教育指导定义为"相关机构和人员为提高家长教育子女能力的专业性支持服务和引导。"②

1.2.3 学校家庭教育指导的界定与范畴

当前学术研究界对"学校家庭教育指导"这个概念并无统一的定义。

2021 年 10 月,《中华人民共和国家庭教育促进法》规定:"县级

---

① 全国家庭教育指导大纲(修订).关工委官网 http://www.zgggw.gov.cn/zhengcefagui/gzzd/zgggw/13792.html.

② 《家庭教育指导大纲(修订版)》.中国关心下一代工作委员会官网 http://www.zgggw.gov.cn/zhengcefagui/gzzd/zgggw/13792.html.

以上地方人民政府可以结合当地实际情况和需要，通过多种途径和方式确定家庭教育指导机构。""家庭教育指导机构对辖区内社区家长学校、学校家长学校及其他家庭教育指导服务站点进行指导，同时开展家庭教育研究、服务人员队伍建设和培训、公共服务产品研发。"可见，家庭教育指导机构是为提高家长教子女能力的专业性支持服务和引导的机构，是需要得到县级以上人民政府认定的。学校家长学校属于家庭教育指导服务机构，接受家庭教育指导机构的指导。

2015 年 10 月，《教育部关于加强家庭教育工作的指导意见》提出"充分发挥学校在家庭教育中的重要作用"，指出各地教育部门要切实加强对行政区域内中小学幼儿园家庭教育工作的指导，推动形成政府主导、部门协作、家长参与、学校组织、社会支持的家庭教育工作格局。"中小学校、幼儿园应当将家庭教育指导服务纳入学校工作计划。""中小学校、幼儿园应当建立家长学校，针对不同年龄段未成年学生的特点，定期组织家庭教育指导和家庭教育实践活动。""中小学校、幼儿园应当根据家长的需求，邀请有关人员传授家庭教育理念、知识和方法，组织开展家庭教育指导服务和实践活动，促进家庭与学校共同教育。"①可见，组织开展家庭教育活动、组织开展家庭教育指导与实践活动是中小学校、幼儿园的职责。

综上推论和结合实践，我们认为，学校（幼儿园、中小学校）家庭教育指导是由学校组织和实施的、以本校家长学校为平台的家

---

① 教育部关于加强家庭教育工作的指导意见.教育部官网 http://www.moe.gov.cn/srcsite/A06/s7053/201510/t20151020_214366.html.

庭教育指导服务和实践活动。它包含既区隔又相融无法分割的三部分活动,即家庭教育活动,对家长进行专业性指导活动,为专业性指导提供的支持性服务和实践活动。它与社区及其他机构主导的家庭教育指导相对应。

本书案例所涉学校限于九年一贯制学校,即小学和初中学校。

1.2.4　家庭教育视野下一体化的多维度解读

家庭教育视野下的一体化包含两层意思:家庭教育指导一体化和一体化的家庭教育指导。

一、教育一体化

教育一体化指通过系统设计打破组织、机制、家长、教师、学校、社区、家庭等家庭教育指导组织与活动要素间的割裂状态,实现目标同向、组织协力、行动协调、资源共享,涵盖横向(跨学科、跨部门)与纵向(跨学段、跨层级)协同。

教育一体化具有全面性、连续性、协同性和公平性特征。全面性表现在家庭教育指导围绕学生的德、智、体、美、劳全面发展展开。连续性表现在幼、小、初、高各学段的家庭教育指导内容及运行机制上一致和连贯。协同性表现在横向参与主体上的家校社协同,纵向上实现校级—年级—班级联动。公平性表现在城乡家庭教育一体化和均衡发展、特殊教育与普通教育兼顾。

二、一体化教育

一体化教育强调教育过程的整体性与系统性,通过教育指导方式整合、家长课程整合、教学方式变革等实现有效的家长教育目标。典型模式包括指导方式整合、课程整合、资源整合和教与学主体整合。

指导方式整合体现在集体指导、个体指导、活动体验式指导、课堂授课、线上指导和线下指导等方式的多样性和融合性。

课程整合表现在通过文字、图片、声音和视频等多模态,开放日体验、亲子活动和家庭剧等多方式开展家长教育培训。

资源整合表现社区、大学、政府、企业协同为家庭教育指导和实践提供导师、教材、场地乃至资金等,而学校的家庭教育资源亦对家长、社区、企业和政府开放。

教与学主体整合,在家庭教育指导中,家长不仅是被指导者,也是指导者,他们参与经验分享、开发课程、参加课题研究和对其他家长进行培训。

1.2.5 学校家庭教育指导一体化的内涵与特征

《上海市家庭教育指导大纲(修订)》提出"坚持全面发展的原则"和"构建一体化螺旋上升的家庭教育指导内容体系"的要求①。我们认为,该大纲体现了上海新时代家庭教育指导的科学性和系统性新标准新要求。全面发展的原则是,强调家庭教育指导需覆盖儿童成长的德、智、体、美、劳五大领域,超越单一学业辅导,关注品行道德、心理健康、社会适应、价值观塑造等核心素养。一体化的内容体系则强调纵向贯通,根据不同学段(幼、小、初、高)儿童的身心发展特征,设计阶梯式递进、主题深化的指导内容。螺旋上升则强调动态生长,通过持续评估反馈,优化内容,实现"实践—反

———
① 《上海市家庭教育指导大纲(修订)》.上海女性网 https://www.shwomen.org/shnx/tzgg/content/9d6907e0-57ef-4477-958d-493f572e5cc8.html.

思—迭代"的螺旋式升级。

　　按照《上海市家庭教育指导大纲(修订)》理念、内容和精神,综合上述教育一体化和一体化教育的内涵,我们认为,学校家庭教育指导服务一体化的内涵是:以家校社协同育人为理念,以家长学校为平台,通过系统设计,打破组织与机制,目标与行动,家长教育与教师发展,学校、社区与家庭等家庭教育指导组织与活动要素间的割裂状态,实现目标同向、组织协力、行动协调、资源共享,涵盖横向(跨学科、跨部门)与纵向(跨学段、跨层级)协同。

　　学校家庭教育指导一体的核心特征和要求包括:目标上达成共识——聚焦学生全面发展,统筹知识、能力与价值观培养;行动上力求一致——组织管理、机制建设、家长教育、教师专业发展和效果评价的有机衔接与动态螺旋优化;组织上形成合力——构建家校社协同育人机制,形成教育合力;资源配置上共享——整合校内外资源,搭建共享平台,提升教育效能。

第 2 章　政策、法律与理论基础

2.1　政策与法律依据

2.1.1　家庭教育指导的政策规划与法规要求

家庭教育指导内容规划。2010 年,全国妇联、教育部等七部委通过了《全国家庭教育指导大纲》。这是家庭教育指导服务机构和指导者开展家庭教育指导的重要依据。该大纲按照年龄段划分家庭教育的指导内容,规范家庭教育指导行为。2019 年,全国妇联、教育部等九部委对《全国家庭教育指导大纲》进行了修订,新加入了家庭道德教育、子女养育及互联网时代的家庭媒介教育等具有鲜明时代特征的家庭教育内容。

学校与教师是家庭教育指导服务的主体之一。2019 年修订版的《家庭教育指导大纲(修订版)》将家庭教育指导定义为,相关机构和人员为提高家长教育子女能力的专业性支持服务和引导。《中华人民共和国家庭教育促进法》规定,县级以上地方人民政府可以结合当地实际情况和需要,通过多种途径和方式确定家庭教育指导机构。家庭教育指导机构对辖区内社区家长学校、学校家长学校及其他家庭教育指导服务站点进行指导。

2.1.2　学校在家庭教育指导中的法律责任与义务

提高家庭教育指导服务是学校的法律义务和重要职责。《中华人民共和国家庭教育促进法》规定中小学校、幼儿园应当将家庭教育指导服务纳入学校工作计划,应当建立家长学校,针对不同年龄段未成年学生的特点,定期组织家庭教育指导和家庭教育实践活动,应当根据家长的需求,邀请有关人员传授家庭教育理念、知识和方法,组织开展家庭教育指导服务和实践活动,促进家庭与学校共同教育。《教育部等十三部门关于健全学校家庭社会协同育人机制的意见》提出,学校要把做好家庭教育指导服务作为重要职责,纳入学校工作计划,充分发挥学校专业指导优势,切实加强教师家庭教育指导能力建设。

学校是家庭教育指导的重要阵地,并要系统地开展家庭教育指导服务工作。2015 年 10 月,《教育部关于加强家庭教育工作的指导意见》提出充分发挥学校在家庭教育中的重要作用。《关于指导推进家庭教育的五年规划(2021—2025 年)》提出巩固发展学校家庭教育指导,将家庭教育指导作为推进家校、家园共育的重要方式,纳入中小学、幼儿园工作计划和教师业务培训,推动中小学、幼儿园普遍建立家长学校,每学期至少组织 2 次家庭教育指导服务活动,做到有制度、有计划、有师资、有活动、有评估。

学校组织和实施家庭教育指导服务活动要家校社协同进行。《关于健全学校家庭社会协同育人机制的意见》提出学校应及时沟通学生情况、加强家庭教育指导、用好社会育人资源。《关于指导推进家庭教育的五年规划(2021—2025 年)》提出健全协同育人沟通衔接机制。指导学校充分利用家长委员会、家长会、家访、家长开放日、家长接待日等各种家校沟通渠道，密切家校日常沟通。鼓励社区探索建立各具特色的家校社沟通平台，把学校、社会丰富的教育资源链接起来，为家长提供优质指导服务。《家校社协同育人"教联体"工作方案》提出以"教联体"工作方式开展包括家庭教育指导活动在内的家校社协同育人，其内涵是整合政府、相关部门、学校、街道社区、家庭、社会资源单位等，明确各自职责任务，建立定期沟通协调机制，有针对性地推动解决学生成长中的突出问题，搭建常态化育人平台和活动载体，为学生提供全方位条件保障。

2.2 理论基础探究

2.2.1 中国特色家校社协同育人理论

家校社协同育人是我国新时代教育治理现代化的核心举措，其本质是通过目标共识、制度重构、资源整合、主体联动，构建覆盖全学段、全领域的育人生态。首先，家校社协同育人的终极目标是落实立德树人的根本任务，培养德智体美劳全面发展的社会主义建设者和接班人，其核心要求包括价值统一性、阶段衔接连贯性和动态适应性。价值统一性，是指家庭、学校、社会需在育人理念上达成共识，摒弃唯分数论，转向全面发展和健康快乐成长的导向。阶段衔接连贯性是指，根据学生不同学段特点设计分层目标，避免教育目标脱节。动态适应性，结合社会需求变化如应对心理健康、数字素养等新挑战,调整育人方式和内容。其次,虽然协同,但职责明晰。家庭、学校和社会三方主体的责任应有边界和分工,即"学校主导、家庭尽责、社会支持"。第三,构建多层次联动体系。要求通过制度设计解决协同育人的组织松散问题,如联席会议制度、多方通报机制、搭建资源共享平台等。第四,工作方式创新,如采用"教联体"等新工作方式。

家校社协同育人是学校家庭教育指导服务一体化建设的重要理论基础和实践指导,其应用的路径是通过目标共识、组织和制度重构、资源整合、主体联动四重机制,将分散的教育力量整合为育人合力。在目标共识上,强调引导家长和学校以"立德树人"为核心,以全面发展和健康快乐成长为共识目标。机制重构上,着力组织架构创新(如家庭教育指导联席办公室),完善校级—年级—班级指导联动管理机制等。资源整合上,建立数字化指导平台,整合和利用家校社区资源,如开放学校图书馆、心理工作室等设施,招聘家长志愿者、挖掘家长职业特长,利用社区、图书馆、企业场地、人才等资源。主体联动上,学校主导(如设计阶梯式家长课程),教师赋能(如将家庭教育指导能力纳入教师三级培训),提高家庭主动参与度(如实行家长学分积分制等),社区协同(如家长学校与社区家庭教育指导服务点开展联合活动等)。

2.2.2 教育生态理论及其应用

教育生态理论起源于美国学者布朗芬布伦纳的人类发展生态学模型,后被引入教育领域。其核心观点是,教育系统是一个由多层级、多要素构成的动态生态系统,各要素通过相互作用形成共生网络,维持系统的平衡与发展。

布朗芬布伦纳重点用五个独立又联系的环境作用来解释个体是如何被其影响的、关系是如何运行的以及互动是如何发生的。个体处在一系列环境的中心(图 2-1)。第一个环境即所谓的微系统,是与个体相互作用的家庭、同伴、学校或邻居组成的环境。第二个系统称为中介系统,这个系统包括微系统和所有影响个体的其他系统。例如,家庭与学校有关系并作用于孩子。第三个就是外系统。外系统可能是政府机构、社区活动、父母的工作单位等。第四个就是影响个体的更大的宏系统环境。这个环境包括包含外系统和影响个体的其他环境。在这个系统中,个体受特定社会的信念、行为方式和价值观的影响,这些影响要素与其他所有环境互动。最后的一个环境是时序系统,包括上述个体其他五个系统。时序系统包括个体在他或她的人生特定历史时期的事件或变化的组织。例如,成年人现在的行为都受早期生活的影响。宏系统中

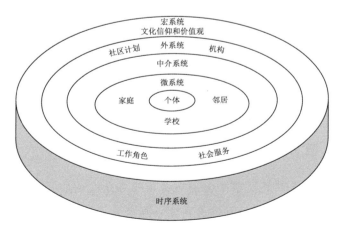

图 2-1　教育生态理论系统结构示意图

的文化信仰和价值观会影响不同历史时期的个体。[①]

教育生态理论强调整体性、动态性和平衡性。整体性是指教育成效取决于系统内各要素的协同作用，而非单一要素的孤立作用；动态性是指系统内外部的资源、信息、能量持续流动，推动教育生态演化；平衡性是通过调节要素间的矛盾与冲突，实现系统稳定。

教育生态理论为学校家庭教育指导一体化提供了系统性思维框架，其核心在于通过参与多级主体联动、资源循环和共享、动态优化螺旋发展，将割裂的教育要素整合为有机生态。

2.2.3　交叠影响域理论的内涵与价值

交叠影响域理论由美国教育学家乔伊斯·爱泼斯坦提出，是家庭—学校—社区伙伴关系研究的重要理论框架。这一理论以生态系统理论为基础，认为学生的成长同时受到家庭、学校和社区的影响，而这三者相互独立又相互交叠，彼此之间的互动和合作对学生的全面发展起着至关重要的作用。

根据交叠影响域理论，家庭、学校和社区的关系可以划分为两个主要模型：分离模型和交叠模型。分离模型中，家庭、学校和社区的领域各自独立，缺乏协作与交流，导致学生的发展受到单一领域的限制。交叠模型中，三个领域相互重叠，形成合作网络，通过协调和沟通共同支持学生的发展，是爱泼斯坦所提倡的理想状态。

交叠影响理论的核心在于强调学生处于家庭、学校和社区这三个领域的交汇处，因此，任何一方的变化都会对学生的发展产生

---

① ［美］Jerry J. Bigner 著，郑福明，冯夏婷译.亲子关系——家庭教育导论（第 8 版）［M］.高等教育出版社，2012 年 8 月第 1 版，第 69—70 页.

影响。通过协调三个领域的关系,可以最大化促进学生学习和社会情感发展。家校社之间的互动可以通过实践上的合作(如共同参与活动)和理念上的认同(如共同目标)实现。

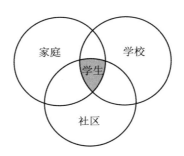

图 2-2　交叠影响域理论基础模型

交叠影响域理论作为家校合作的重要指导理论,突出了学生在家庭、学校和社区交叠影响中的中心地位,定位了三者互动中学校的主导作用,预设了家校社融合后的良好环境氛围作用于学生成长,为我们理解和进行家庭教育指导一体化提供了理论基础。

爱泼斯坦提出交叠影响域理论并用之家校合作实践,成效显著,被国际社会广泛认可。大量研究结论表明,无论是在美国、欧洲、新加坡,还是中国香港台湾或大陆,学校、家庭和社区之间的伙伴关系越密切,跨界行动越频繁,越能改进学校教育质量,提升父母家庭教育水平,更重要的是能够促进儿童的教育获得(张俊等,2019)[1]。因此,学校家庭教育指导与家校合作密不可分,交叠影响域理论及其家校合作实践,为学校家庭教育指导一体化实践提供

---

① 张俊等.面向实践的家校合作指导理论——交叠影响域理论综述[J].教育学术月刊,2019 年第 5 期.

了极为宝贵的参照。

2.2.4 学习共同体理论的指导意义

学习共同体理论是一种基于社会互动和集体学习的理论,强调通过共同的兴趣和目标,在共同体成员之间建立互动和共享知识,从而推动知识的创造和发展。该理论认为,学习不仅是个体的行为,还是通过与他人的互动不断构建的过程。成员参与某一特定的实践共同体(如樊登读书会)来获得经验,与其他成员共享知识,进行自我反思,并通过集体合作来促进个体和集体共同成长。学习共同体理论的核心要素为共同的兴趣或目标,互动协作,反思与自我超越,团队成长。

学习共同体理论提供了一种关于知识共享、集体学习和互动的全新视角,能够有效指导学校家庭教育指导服务一体化建设。通过明确共同目标、建立互动平台、情境化的教育与指导实践和持续反思,家长和教师均可以学习共同体的方式,推动家校合作,促进家庭教育指导的良性发展,最终帮助学生全面成长。通过学习共同体这种形式,家庭教育指导不仅仅局限于教师与家长之间的简单传递,而是参与主体合作、共同学习的生态系统。

2.2.5 组织及其构成要素理论的实践启示

组织构成要素是指影响组织运作和发展的基本组成部分,它们共同作用,使得组织能够达成既定目标。理解这些构成要素有助于分析组织如何运作、如何协调各个部分以及如何优化组织结构和流程。

一、经典组织理论中的组织构成要素

经典组织理论主要由 20 世纪初的管理学家们提出,包括泰勒的科学管理理论、韦伯的官僚制理论和法约尔的管理职能理论等,这些经典组织理论是我们了解组织构成要素的必备知识。

泰勒的科学管理理论强调,通过分析任务和将任务标准化来提高组织效率。该理论认为,工作标准化、职能分工、员工培训和激励机制为组织的主要构成要素,其核心在于通过对劳动过程的研究和优化,调整组织内部的构成要素,从而提升整体效率。韦伯的官僚制理论强调通过建立层级化、规范化和规章制度化的组织结构来提高组织效率。韦伯认为,组织的主要构成要素包括明确的层级管理机构、明确的规则和程序、标准化的操作规程、专业化的职能分工。法约尔提出的管理职能理论认为,组织管理职能就是推动组织运作的关键构成要素,如果有效发挥了计划、组织、指挥、协调、控制(包括过程控制及结果评估)等核心要素的作用,就能够确保组织的顺利运行(张昊,2019[①];徐世勇,2020[②])。

二、现代组织理论中的组织构成要素

随着社会和技术的变化,组织理论也在不断发展,许多学者对组织构成要素提出了新的理解。现代组织理论(与上述经典组织理论区别)更加注重灵活性、团队合作、创新以及组织文化等要素的作用。

系统理论认为,组织是一个由相互依赖的子系统组成的整体,系统的各个部分必须协调工作,才能实现组织的目标。组织的构

---

① 张昊.德鲁克管理伦理思想研究[D].上海财经大学,2019.
② 徐世勇.组织管理十大经典理论[M].中国人民大学出版社,2020.

成要素包括：输入、过程、输出和反馈机制。系统理论强调组织是一个开放的系统，必须不断与外部环境互动，获取资源并输出成果。权变理论认为，组织的结构和管理方式应根据外部环境、技术、企业规模、领导风格等要素的变化而调整。文化理论关注组织内部成员的价值观、信仰、习惯等无形因素。组织文化成为现代组织理论中重要的构成要素，包括组织文化、共享目标与愿景、沟通方式等。组织文化作为一种软性要素，通过影响员工的行为和态度，推动组织的长远发展（徐世勇，2020）[①]。

　　上述组织及其构成要素理论是学校组织管理的基础理论，在以前是，现在是，乃至将来可能还是学校管理和学校家庭教育一体化建设的重要指导理论。例如，明确的组织结构——学校需要设置专门的家庭教育指导部门和岗位；流程标准化和任务分工——家校合作和学校内部合作的流程应有章可循，确保每个关键环节都有明确的负责人；资源配置——学校应合理分配家庭教育指导所需的资金、人力和时间资源等；文化建设与目标一致——学校应通过组织文化和协同育人的教育理念，增强亲师生、家校社的合作意识，达成参与主体目标共识；反馈与评估——学校应建立有效的反馈机制，通过定期的评估来优化家庭教育指导工作，确保其效果。其他如技术、领导风格、团队合作和价值观等构成要素，也是学校家庭教育指导一体化建设必须考虑的因素。

[①]　徐世勇.组织管理十大经典理论［M］.中国人民大学出版社，2020 年：第 36—46 页.

第3章 国内外研究与实践经验借鉴

3.1 国外研究与实践探索

3.1.1 美国的家庭教育指导模式与实践

与当前中国中小学校占据家庭教育指导的主导地位情况不同,美国中小学校在家庭教育中的角色往往是辅导性或支持性的,而不是完全主导性的。美国的家庭教育指导体系通常是由家校合作关系驱动。

在美国,学校和家庭之间的合作主要体现在学校为家长提供教育资源和培训,帮助他们更好地促进学生的学习和发展。例如,学校可能会组织家长教育课程、家长会议或定期的家长教师协会(PTA)活动。学校与家庭的合作多注重学生在学术和社交方面的支持,而不直接干预家庭教育。美国中小学校通常配置心理咨询师或社会工作者提供家庭咨询服务、家庭作业帮助、心理健康服务等,并为特殊儿童和家庭提供一些个性化的建议(Epstein J. L. 2011[①];

---

① Epstein, J. L. (2011). School, Family, and Community Partnerships: Preparing Educators and Improving Schools. Westview Press.

Jeynes，W. H. 2005①）。

20 世纪末至 21 世纪初，在美国以家校合作促进家庭教育过程中，普金斯大学爱普斯坦教授和她团队的研究和实践最为突出，对美国乃至世界教育产生了深远影响。

在近 30 年的时间里，爱普斯坦教授团队一直致力于研究和推广学校与家庭合作、完善学校管理、增强家庭参与意识和帮助学生获得学业成功。他们提出了家庭、学校与社区伙学关系（即类似中国家校共育），构建了交叠影响域理论（见第 2 章介绍），总结了 6 种家长参与家校合作活动类型（具体见第 7 章）。在实践中，他们建立了全球伙伴关系学校联络（National Network of Parmership Schools，简称 NNPS）和州、学区和学校四个层面的行动组织，领导或协助许多州区开发和执行"合作伙伴计划"，并为之提供详尽的作业指导和实践经验②。

到 2009 年，全美 21 个州、150 多个学区、1 100 多所学校参加了 NNPS。NNPS 研究中心提供有关的实验和数据统计平台，并接受专业性工作指导、分享成功经验。在全球范围内，包括英国、新加坡和我国台湾、香港等地，学校—家庭—社区伙伴关系都有大范围实践和研究。实践证明，学校、家庭和社区伙伴关系在促使学校建立学校、家庭和社会三者合作方面起到了重要作用，并正被越来

---

① Jeynes，W. H.（2005）. Parental Involvement and Student Achievement：A Meta-Analysis. Educational Psychology Review，17（2），147—158. https：//doi.org/10.1007/s10648-005-3928-1.

② 实践经验汇编名为"充满希望的合作伙伴实践（Promising Partnership Practices）"，供 NNPS 成员分享。

越多的人所接受(吴重涵,王梅雾,张俊,2013)[1]。

就学校如何有效开展家校社合作活动,爱普斯坦教授团队在其经典力作《学校、家庭和社区合作伙伴:行动手册(第八版)》[2]中提出的"十步抵达成功"的具体步骤和建议:

第一步:确定家校合作的目标

第二步:确定参与者和团队

第三步:制定家校合作计划

第四步:确定资源和支持

第五步:实施家校合作活动

第六步:鼓励家长和社区持续参与

第七步:沟通和宣传

第八步:收集和评估数据

第九步:反馈和改进

第十步:维持家校合作的持续性

爱普斯坦教授团队的实践经验和方法,及其《学校、家庭和社区合作伙伴:行动手册(第八版)》中提供的工具和方法,为我们学校家庭教育指导一体化建设研究和实践,提供一个极其实用和有价值的范本。

3.1.2 英国和德国的家庭教育指导特色

英国在社区成立有家庭指导中心,负责帮助家长学习如何满

---

[1] 吴重涵,王梅雾,张俊.家校合作:理论、经验与行动[M].江西教育出版社,2013:第30—31页.

[2] Epstein, J. L. (2018). School, Family, and Community Partnerships: Your Handbook for Action(8th ed.). Corwin Press.该书第三版由吴重涵、薛惠娟翻译,江西教育出版社于2012年出版.

足孩子的需求,也帮助家长纠正不良的育儿方式。成立于 1969 年的开放大学利用广播、电视、教科书和面授课程提供高质量的家庭教育指导。与此同时,一些志愿者团体还创建了母婴俱乐部,为母亲提供早期家庭教育服务与咨询。英国的学校和组织也积极参与推广家长参与计划(Parent Involvement)和教育家访计划(Educational Home Visiting),指导家长如何参与学校,提高孩子的学习成绩,加强家庭教育。例如,要求教师定期给家长发送"学习工具包",里面包含本周教学重点和家庭互动游戏设计模板。再如,数学周会附送测量厨房用品的任务卡,英语周则提供亲子共读剧本。在家访时,老师带着认知发展评估表上门,或当场演示如何用积木游戏提升孩子的空间思维能力(郭丽英,2008①;黄德祥,2002②)。

德国是一个非常重视家庭教育的国家,家庭教育是其正规教育的一部分。该国第一所母亲学校成立于 1917 年,为母亲群体提供家庭教育指导。德国的大学提供家庭教育课程与远程学习课程,并能得到一些公司的资金支持。教会组织、私人团体和公共家庭教育工作站以及流动亲子学校与媒体一起负责推广和宣传家庭教育。德国的做法更强调体系化,早在 1917 年,该国就诞生了全球首批母亲学校,课程涵盖儿童营养学、行为心理学等实用内容。如今这类机构已升级为家庭教育工作站,由教会、企业和大学联合运营,比如慕尼黑工作站既提供 0—3 岁婴幼儿急救培训,又与宝马公司合作开设"职场父母时间管理课"。更独特的是,德国将家

① 郭丽英.发达国家政府促进家庭教育公平的行为及其启示[J].内蒙古师范大学学报(教育科学版),2008,21(10):31—34.
② 黄德祥.亲职教育[M].2 版.台北:华侨书局有限公司,2002,第 76—81 页.

庭教育纳入正规学分体系,家长在远程教育机构完成学时课程并通过考核,可获得政府认证的"家庭教育指导师"资格证书(俞可,2016)①。

3.2 国内研究与实践探索

3.2.1 长三角地区的大型研究与实践经验

2024 年 10 月 31 日第七届长三角家校合作交流会在相城区文征明实验小学顺利举行。交流会由长三角家校合作研究与指导联盟、上海市教科院普通教育研究所和苏州市教育局共同策划主办,围绕"指向学生社会与情感能力培养的校家社协同"展开交流与研讨。来自上海、江苏、浙江、江西等省市的专家和嘉宾出席了会议,共同探讨了家校协同育人的新方向、新方法、新经验。

上海市教育科学研究院党委委员、副院长陆璟在致辞中指出,希望持续关注青少年社会与情感能力研究和培养,深化培养路径,关注学生全面发展;引领构建校家社协同育人新格局,构建良好育人生态,落实教育改革新举措;希望长三角校家社合作研究与指导联盟不断开拓创新,联动各地区开展公益项目交流与实践驱动校家社合作研究落实,形成长三角校家社合作联动的发展格局。

苏州市教育局局长周志芳介绍,作为联盟理事单位,近年来苏州先行先试,积极开展探索实践,以"互联网＋"作为手段,着力构

---

① 俞可,廖圆圆.德国父母的选择:家庭教育主宰学前教育[R].文汇报,2016 年 8 月 19 日。

建覆盖城乡的家庭教育指导服务体系,打造全天候、信息化课程资源,搭建学校、家庭、社会协同育人的机制,共同促进青少年健康成长。下一步,苏州将聚焦围绕人口发展的趋势,深入调研人口结构变化对教育的影响;围绕提升家庭教育的质量,深化家庭教育的研究和实践创新;围绕更好地服务经济社会高质量发展,推进职业规划和家庭教育的融合。

以参会的江西省为例,2011 年 9 月,由江西省教育科学研究所牵头,与江西省教育厅基础教育处合作申报的《创新中小学家校合作教育机制》被列入江西省教育体制改革第一批试点项目(吴重涵等,2013)①,吴重涵、王梅雾、张均等组成的研究团队开始了长达 10 年之久的家校合作研究和实践。

吴重涵团队调研江西、山东和台湾中小学家长(委员)会的设置与运行,尤其是美国一个多世纪以来相关研究成果与文献,开展并实施了一系列活动,包括推动家长委员会的组织建设,遴选"家校合作"试点学校,举办专项培训会,开展大样本跟踪调查,驻校指导和调研,家长教育和家庭教育指导等。吴重涵团队对江西省十年共三个实验期省级规模的家校社合作进行专项实验。这项实验先后有 14 个区县整体参加,另有 400 多所学校单独参加(吴重涵等,2013②;吴重涵等,2023③)。

吴重涵团队这十年对家校合作研究和实践,经历了从班级、学

---

①　吴重涵,王梅雾,张俊.家校合作:理论、经验与行动[M].江西教育出版社,2013:序言第 2 页.

②　同上.

③　吴重涵等.从家校合作到教育良好生态:区县和学校经验[M].社会科学文献出版社,2023,序言第 2—3 页.

校到区县、省域开展制度化家校社合作的全部工作历程，提炼了一系列有关家校合作的系统理论，总结了大量的、丰富的、鲜活的班校县省四级家校合作经验和成果，发表和出版了一系列学术著作，有力地推动了我国家校合作事业和家校社协同育人事业的发展。

我们团队认为，在吴重涵团队的学术著作中，《从家校合作到教育良好生态：区县和学校经验》，对当下研究中小幼学校的家校合作、家庭教育和家庭教育指导有重要价值。

《家校合作：理论、经验与行动》以新家校合作研究与实践先驱、美国爱普斯坦教授的《学校、家庭和社区合作伙伴：行动手册》作为蓝本，在大量的实践经验上，将之本土化改编和应用，是一本中国本土版的家校合作行动全案操作手册。该书为学校如何开展家校合作、家长教育提供详细的操作方法和工具。

《从家校合作到教育良好生态：区县和学校经验》中的第 2 篇，呈现了幼儿园、小学、初中和高中学校有代表性的家校合作行动案例，他们是实验中涌现的鲜活本土化经验，这些典型案例为经验交流和推广普及打下了良好的基础；第 3 篇在班级层面呈现班主任们结合自身班级情况，创新性发展具有自身特色的家校合作行动；第 4 篇在个体层面，着重从面向个体的针对性指导，特别是留守儿童等特殊群体需求针对性地开展家校合作工作，体现了家校合作面向全体家长的理念，呈现所有家长都有机会和平台参与的、多层次、多主体的家校合作行动格局（吴重涵等，2023）[①]。对学校开展家庭教育指导及其一体化建设有积极的参考价值。

---

① 吴重涵等.从家校合作到教育良好生态：区县和学校经验[M].社会科学文献出版社,2023,序言第 5 页.

3.2.2　国内家庭教育指导服务体系的研究与实践案例

我们团队分析了我国近 7 年有关家庭教育指导服务体系的 86 篇文章,发现:(1)实证研究很少,经验性和理论论述多;(2)研究主题分散,多集中于内涵、现状及理论构建三个方面展开;(3)有关学校家庭教育指导体系和模式的研究,只有 4 篇,只占总数的 0.46%,而关于学校家庭教育指导一体化的研究文献则为零。

一、国家层面的宏观体系框架研究

高书国(2023)①认为家庭教育服务指导体系应该包括:一是治理体系,坚持以法律、规章、制度、政策为引领,提升家庭教育治理能力;二是以现代信息技术网络为支撑点,建立服务城乡家庭的网络服务体系;三是服务体系,即以家庭教育的供给侧改革为突破点,扩大家庭教育资源的供给范围和水平,满足多样化家庭和儿童需要;四是人才体系,培养具有现代家庭教育理念和方法的家庭教育服务专业人员。

边玉芳(2024)②等认为,新时代我国家庭教育指导服务体系的理论模型应该包括两大类关键要素:一类服务体系,包含服务对象、服务主体、服务内容和服务模式;二类机制体系,包括管理机制、专业支持机制、保障机制和服务递送机制。

何瑶(2023)③认为,要从法律和制度保障、专业人才队伍、完善

---

① 高书国,边玉芳.新时代家庭教育指导服务四级体系构建研究——中国式家庭教育指导服务组织框架[J].教育发展研究 2023.6.

② 边玉芳,张馨宇.新时代我国家庭教育指导服务体系的理论模型建构[J].教育发展研究 2024.22.

③ 何瑶.论新时代家庭教育指导服务体系构建的现实困境与应对策略——基于《中华人民共和国家庭教育促进法》的思考[J].宜宾学院学报,2023 年第 23 卷第 4 期(总第 291 期).

服务供给和监督评估四方面来完善和构建我国新时代家庭教育指导服务体系。

二、区域家庭教育指导体系一体化建设实践

山东潍坊市围绕立德树人根本任务，进行系统设计、一体推进，历经唤醒普及、标准化与个性化、协同育人三个发展阶段，探索出政府主导、专家引领、课程推动、社会参与、学校实践"五位一体"的方法论，构建市域一体化的家庭教育指导公共服务体系：一是发挥政府主导作用，建立市县校、各部门一体化的组织体系；二是建立起健全的家庭教育指导公共服务一体化的队伍体系；三是建立起全覆盖的家庭教育指导公共服务一体化的课程体系；四是建立起丰富的家庭教育指导公共服务一体化活动体系；五是建立起立体综合的家庭教育指导公共服务一体化的评价体系（潍坊市教育局，2023）[①]。

孙水香（2021）[②]研究并高度总结了"五个一体化"家校社协同育人的"安吉模式"。浙江省安吉县探索出一条适合县级层面开展家庭教育服务体系的新模式，并在 2020 年被教育部评定为"全国家庭教育创新实践基地"。从实践层面看，安吉县也建立了"五位一体"的管理模式：（1）管理机制一体化上，政府支持、妇联和教育局、乡政府、学校等多部门协调合作的工作机制，保障了家庭教育指导工作的可持续发展。（2）在平台一体化建设上，建立了家长学

[①]　山东省潍坊市：构建市域一体化的家庭教育指导公共服务体系潍坊市教育局 http://www.moe.gov.cn/fbh/live/2023/55484/dfdxal/202309/t20230920_1081643.html.

[②]　孙水香."六个一体化"构建安吉"家校社合育"的大教育圈——构建"城乡一体化"家庭教育指导服务体系的实践探索[J].中国教师，2021(02)：25—27.

校、村级家庭教育指导站等机构,保证常态化运行,还成立了"安且吉,家学乐"家长讲坛、"安且吉、爱互通"家庭教育咨询热线平台,以及心理咨询室三大平台。(3)在师资一体化建设上,将家庭教育指导培训纳入教师继续教育选课平台,还与高校建立合作关系,实施"安老师家庭教育指导者种子培训工程",探索本土专业家庭教育指导者培养模式。(4)在课程建设上,通过政府购买服务的方式构建了"家长慕课"系列课程,确定了 15 个年段各 20 节符合孩子身心特点的家庭教育课程,供家长线上学习,构建了全县线上线下互补的学习机制。(5)考评上,县妇联从组织保障、家长学校开展情况、家庭教育活动、成效等四个维度对家庭教育指导体系进行考核,推动家庭教育指导工作的长效发展。

三、中小学家庭教育指导的组织管理研究

张静雯(2016)[①]先是总结了当前家长学校面临认识不足、专业教师缺乏、制度保障不足等挑战,再进行归因分析,最后提出了建立家长学校运行机制的建议:建立家长与学校之间的沟通平台,提供有效的家庭教育策略,改变家长的身份,鼓励家长之间互访,提高家庭教育策略的针对性和有效性,鼓励家长参与学校教育。

钟洁(2023)[②]以江苏南京 X 学校为观察样本,对其家庭教育指导的组织管理进行了一项人种志考察。在该研究中,学校家庭教育指导的组织及其运行体系要素为:参与主体、管理机构、制度运行和资源支持。学校家庭教育指导组织运行不畅的主要原因在

① 张静雯."家长学校"有效性研究[D].江苏:苏州大学,2016.
② 钟洁.中学家庭教育指导组织体系及其运行的研究——江苏南京 X 学校的一项人种志考察[D].华东师范大学,2023.

于：领导者忙，执行者累，领导与执行者沟通机制不顺；外部资源供给不足；主管部门管理缺失；社区支持力量薄弱。

　　周时奕（2022）[①]基于教育学和管理学的视角，通过实地调研方式，考察了上海地区家庭教育指导服务体系运行现状，构建出一套中小学家庭教育指导服务体系模型（见图 3-1）。该模型包含了四个基本要素：实施系统（包括家庭教育指导服务主体、对象、目标、内容、方式等方面）、管理系统（包括家庭教育指导服务的制度、机制、组织、经费、评价等方面）、人才系统（主要包括提供家庭教育指导服务的队伍建设）和支持系统（主要包括家庭教育指导服务的外部支持、专业支持和相应保障等）。

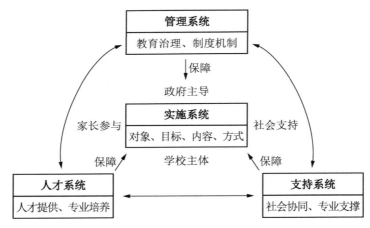

图 3-1　学校家庭教育指导服务体系总体框架

_____

① 周时奕.新时代中小学家庭教育指导服务体系的优化策略研究——以上海市为例［D］.华东师范大学,2022.

第4章 学校家庭教育指导一体化行动框架构建

4.1 指导全过程的理论框架剖析

4.1.1 "4421"理论框架的借鉴与优化

　　李洪曾将家庭教育指导从家庭教育中剥离出来,提出了"4421"的家庭教育指导理论框架(见图4-1):在家庭教育指导工作的全过程中,涉及四类对象,就是儿童、家长、作为指导者的教师和作为组织管理这项工作的分管领导;涉及四个具体过程,即儿童的发展过程,家长对儿童的教育过程,指导者对家长的指导过程,组织管理者对指导者的组织管理过程。①这是一个经典且符合现实的框架。

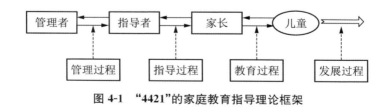

图4-1 "4421"的家庭教育指导理论框架

---

① 转自:郁琴芳、徐群主编.教师家庭教育指导实务　初中版[M].上海:上海社会科学院出版社.2018:第7页.

4.1.2　学校家庭教育指导活动的核心过程解析

本书将"家长对儿童的教育过程"纳入家庭教育范围,且本书考察的范围局限单个学校(注意:不是学校群)这么一个微观系统内,因此这个过程也排除在外。当然,"儿童自身的发展过程"过程也不会列入。

于是,除去"家长对儿童教育过程"和"儿童自身的发展过程",单个学校的校内家庭教育指导活动,就是围绕"组织管理者对指导者的组织管理过程"和"指导者对家长的指导过程"这两个过程展开。

现在,我们按照组织管理及其构成要素理论(见第2章)和学校管理实践来解构这两个过程:

一、这两个过程的关键参与主体:管理者、指导者(教师)和家长。

二、"组织管理者对指导者的组织管理过程"涉及组织架构、人员及其分工、工作计划、目标制定、制度拟定、责任分工、组织运行活动(如联席会议、家长会、团队学习活动、宣传等)、资源支持(即资源配置,资金、物料等)、监督评估等。

三、"指导者(教师)对家长的指导过程"又分两部分:一部分为指导者自身专业知识与技能增长过程,一部分为家长受指导者指导而自身成长过程。前者包括教师培训机制拟订、教师课程开发、课题研究、教师案例分享、对教师专业发展的资源支持(即资源配置,如申请课题、资金、奖励、物料、工具、文章发表等)、指导水平与绩效评估等。后者则包括:家长教育目标,家长教育课程开发,对家长的培训,指导者(教师)对家长的指导活动(如集体指导、个体指导),家长参与家校合作(如亲子体验营、学校开放日、家长会等),资源支持(即资源配置,专家授课、奖励、宣传、物料、提供场地、与社区合作等),家长教育与指导效果评估等。

四、上述两个过程中及其要素,还会因学生年龄和学段差别而可细分,如家长教育课程,按学段分可分幼儿园家长课程、幼小衔接(适应性)家长课程、小学家长课程、小初衔接(适应性)家长课程、初中家长课程等。

4.2　学校家庭指导一体化行动框架设计

4.2.1　行动框架的总体架构与设计理念

我们在第一章将学校家庭教育指导服务一体化概念做了界定:以家校社协同育人为理念,以家长学校为平台,通过系统设计,打破组织与机制,目标与行动,家长教育与教师发展,学校、社区与家庭等家庭教育指导组织与活动要素间的割裂状态,实现目标同向、组织协力、行动协调、资源共享,涵盖横向(跨学科、跨部门)与纵向(跨学段、跨层级)协同。

学校家庭教育指导一体的核心特征和要求包括:目标上达成共识——聚焦学生全面发展,统筹知识、能力与价值观培养;行动上力求一致——组织管理、机制建设、家长教育、教师专业发展和效果评价的有机衔接与动态螺旋优化;组织上形成合力——构建家校社协同育人机制,形成教育合力;资源配置上共享——整合校内外资源,搭建共享平台,提升教育效能。

根据上述概念、理论框架及其要素结构,结合实践经验,我们团队构建了一个"学校家庭教育指导一体化行动框架",其示意如图 4-2。

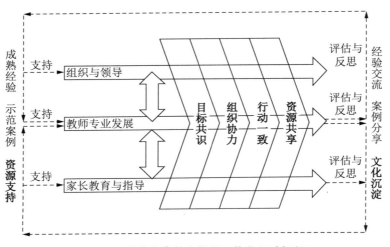

图 4-2　学校家庭教育指导一体化行动框架

4.2.2　行动框架的关键维度与实施要点

这个"家庭教育指导一体化行动框架"可以通过三个维度来理解:组织与领导一体化、教师专业发展一体化和家长教育与指导一体化。这三个维度对应三个参与主体:管理者、指导者和家长。

上述三个维度的一体化中的每个维度必须有一体化的特征和要求:目标共识、组织协力、行动一致和资源共享。

一、组织与领导一体化。主要是通过构建有效的组织和管理方式,确保各个组织和部门的目标一致。组织之间要打破壁垒、加强沟通,确保大家在同一个方向上合作。各部门的活动要协调一致,确保连贯性和持续性。同时,各部门要根据实际需求,分享资源,以支持整体工作。

二、教师专业发展一体化。目标上,个人发展与学校发展一致;组织上,教师与教师,学科与学科之间,部门与部门之间打破隔阂,协同合作,形成合力支持教师发展;行动上一致,打通从培训到科研,再到实践应用的知识与技能提升通道;资源上,既要提供物质上的支持,还有提供技术支持,还要提供精神荣誉方面的情感支持。

三、家长教育与指导一体化——家长需要与学校共同达成目标共识,理解和支持教育理念。学校和家长之间要保持良好的沟通与合作,协调一致地支持孩子的成长。课程开发上,要消除学段之间的隔阂。同时,学校要提供资源,帮助家长提高教育能力,家长也要与学校共享相关资源,促进家庭教育的有效进行。

四、对组织与领导一体化、教师专业发展一体化、家长教育与指导一体化过程进行评估与反思,达到动态化螺旋上升目标。

五、进行经验交流与案例共享。经评估与反思后,成熟的经验和典型案例形成新的文化沉淀,又作为新的资源参与并支持下一轮组织与领导一体化、教师专业一体化和家长教育与指导一体化。

六、家长教育与指导一体、组织与领导一体化、教师专业发展一体化步调一致,协同发展,共同推进学校家庭教育指导一体化发展。

上述六部分组成一个循环的学校内部的家庭教育指导生态,推动家庭教育指导达成真正意义上的一体化。

4.3 本书的结构框架与章节安排

上述家庭教育指导一体化行动框架就是本书的基础框架,其具体章节安排如下:

章　节	主　　题	关　注　点
第 5 章	组织与领导一体化的理论与实践	
第 6 章	家长教育与指导一体化:课程开发与实施	如何一体化的进行课程开发与实施
第 7 章	家长教育与指导一体化:提高家长参与度与自主性	如何一体化的提高家长参与度和主体性
第 8 章	教师专业发展一体化的理论与实践	
第 9 章	经验交流与案例共享的价值与实践	
第 10 章	学校家庭教育指导评估的理论与实践	

下篇:实践与研究

第5章 组织与领导一体化的理论与实践

5.1 组织与领导一体化的内涵与意义

5.1.1 组织与领导在家庭教育指导中的关键作用

在学校主导的家庭教育指导中,领导机构承担着协调、组织和管理的重任。构建强有力的组织是确保学校家庭教育指导工作有效开展的重要保障。通过强有力的领导,制定清晰的家庭教育指导工作目标,协调各部门,合理进行资源配置,推动家庭教育指导工作顺利开展。

中共中央《关于深化教育教学改革全面提高义务教育质量的意见》、教育部《教育部关于加强家庭教育工作的指导意见》、上海市教委《关于进一步加强家庭教育工作的实施意见》和上海市闵行区教育局《关于深入推进家长委员会与学校家庭教育指导建设,加强家校联系工作的通知》等政策指引文件,就学校家庭教育指导组织与领导的主要内容都做了明示。例如,规范建设家长委员会,认真办好学校家庭教育指导,全面促进家校联系,高度重视机制建设,深入开展队伍培育,积极加大经费投入等。①

5.1.2 组织与领导一体化的特征与建设重点

组织与领导一体化特征和要求:通过构建有效的组织和管理方式,确保各个组织和部门的目标一致。多主体参与组织且组织之间,体现全面性和代表性。组织之间打破壁垒、强化沟通,确保目标达成共识,大家在同一个方向上合作;各级家委会、家长学校及领导小组的行动协调一致,形成合力;工作机制制订成体系并确保制度执行的连贯性和持续性。同时,各部门要根据实际需求分享资源以支持整体工作。

组织与领导一体化建设的重点在于:构建领导机构,明确责任分工,确定工作计划和目标,工作机制制订,整合并共享资源和氛围营造。

5.2 组织与领导一体化的实施策略

5.2.1 达成目标共识的路径与方法

在组织和开展家庭教育指导活动的过程中,就工作目标而言,学校与家庭,校领导与教师,校内各部门之间都存在差异。学校领导更关注系统性教育目标的达成,如课程标准落实、上级评价、学校整体质量提升、社会声誉等。教师更注重教学任务的完成、学生成绩的提升、个人职业的发展等。而家庭更侧重子女个体发展,如

---

① 关于深入推进家长委员会与家长学校建设,加强家校联系工作的通知.上海市闵行区人民政府网 https://zwgk.shmh.gov.cn/mh-xxgk-cms/website/mh_xxgk/xxgk_jyj_ywxx_011/content/51B92FED-3697-11ED-BDCE-391C8C3CDF77.html.

学科成绩提升、心理健康等。即便是部门与部门之间也存在目标差异,如教学教研部门注重教学质量和学生成绩的提升,可能会认为家庭教育指导主要是德育部门的事。

　　消除参与主体的参与意识和工作目标的差异,是组织与领导一体化的必经之路。如何消除这种差异? 主要途径就是共建教育理念和明确教育目标。就前者而言,学校和家庭应积极沟通,共同形成以促进学生全面发展和健康快乐成长为目标的教育理念。对后者而言,明确教育目标,共同制定总目标以及各级部门的子目标和工作计划,避免各自为战,产生冲突。

5.2.2　促进组织协力的机制与举措

　　家校合作委员会,在我国的最初形态是家长委员会。1988 年颁布的《中学德育大纲》首次明确提出家长委员会建设问题,并将其与家访等其他形式并列,作为家校合作的重要平台。在国际上,家校合作的组织很多,如 PTA（Parent-Teacher Association,父母教师协会）、ATP（Action Team for Partnerships,合作伙伴行动小组）、SC（School Council,校务委员会）、SIT（School Improvement Team,学校发展小组）、PTO（Parent Teacher Organization,父母教师组织）、HSA（Home School Association,家庭学校协会）等,也有类似我国的家长委员会、属于父母自己的组织,如父母委员会等（朱永新,2020）[①]。

　　学校成立家庭教育领导小组,建立"学校—年级—班级"三级家长委员会,开办家长学校,专设家校合作教育处（家校处）或家校合作

[①]　朱永新.构建覆盖城乡的家庭教育指导服务体系[J].人民教育,2020.15-16;45.

交流中心,成立工作室是当前中国中小幼学校开展家庭教育指导工作的组织常态。江西、浙江、山东等地的很多中小学校还在校级家长委员会之下设立专业委员会、又在专业委员会下面设立若干专业工作小组(见图 5-1)(吴重涵,王梅雾,张俊,2013)[1]。不少学校还设立外联小组(或岗位),负责对外协调和引入社区(社会)资源。

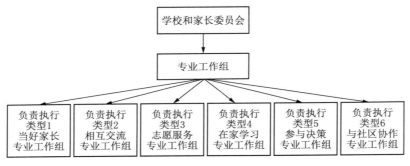

图 5-1 项目导向的专业工作小组架构

由于涉及面广,工作繁杂,校领导又工作繁忙,参与的各部门责任人各有各的工作,在现实的操作层面上,这种层级式组织架构容易滋生职责不清、程序繁杂、沟通不畅、执行不力等弊端。为了革除这种弊端,不少学校又成立了联合工作小组来协调各方。

5.2.3 实现行动一致的制度与保障

一、机制制订

行动一致是学校家庭教育指导一体化成熟的标志。达成行动一致的关键做法就是制定连接和规范各要素行动的制度。组织与

---

① 吴重涵,王梅雾,张俊.家校合作:理论、经验与行动[M].江西教育出版社,2013,第121—182 页.

领导一体化要求制度要有系统性、连贯性，同时注重可操作性和参与制定者有代表性和全面性。当然，每个学校的具体情况不一样，应根据校情拟定本校制度，建立起本校制度体系。

　　机制建设非常重要，从国家到地方三番五次地强调和敦促学校重视家庭教育机制建设，但从目前实践情况来看，机制不健全是主要问题，落实不到位是次要问题。完善和切实落实机制，是当前学校做好家庭教育指导工作的必经之路，也是组织与领导一体化建设的迫切需要。

表 5-1　学校家庭教育指导制度参考体系

类　别	参考名称及释义
课程与培训管理	**课程设计与更新制度**：根据家长需求和教育趋势，设计并定期更新家庭教育课程。
	课程实施监督制度：确保家庭教育课程按计划实施，并对教学质量进行定期监督
	家长教育培训制度：定期为家长提供系统化的培训，提升其育儿知识和技巧。
支持与服务	**个性化家庭教育指导制度**：为家长提供量身定制的育儿指导，帮助他们解决具体的教育问题。
	危机干预与支持制度：针对特殊家庭情况（如家庭矛盾、孩子心理问题等），提供专业的支持与干预。
	家庭教育政策宣传制度：通过宣传政策（包含招生考试政策）和法律，帮助家长了解与家庭教育相关的国家法规和学校教育方针及目标。
	家庭教育资源支持制度：为家长提供书籍、资料、视频、手册、网络平台等多种教育资源，支持家庭教育。
	家长互助小组制度：组织家长参与小组讨论，分享育儿经验与问题解决方法。

续表

类　别	参考名称及释义
评　估	**家长学习评估制度**:定期评估家长参与教育课程的进度与成果,并提供反馈。
	家庭教育指导效果评估制度:对家长和孩子的家庭教育效果进行评估,并提出改进建议。
	家长满意度调查制度:定期开展家长满意度调查,收集家长对家庭教育指导的反馈意见。
活动管理	**校内部门沟通制度**:定期召开工作会议,部署工作和处理问题。
	亲子活动管理制度:组织亲子活动,促进家长与孩子之间的互动与关系建设。
	家庭教育讲座制度:定期举办家庭教育讲座,邀请专家进行分享,帮助家长更好地理解教育方法。
	家长交流会制度:定期组织家长交流会,增进家长之间的沟通与合作。
资源整合与合作	**社会资源合作制度**:与外部机构(如心理咨询机构、社区家庭教育指导中心、社会服务组织等)合作,拓宽家庭教育的资源和支持。
保障制度	**费用管理制度**:制定预算,确保学校家庭教育指导资金的合理使用。
法律与合规管理	**隐私保护制度**:保障家长与学生的个人信息安全。
	合同管理制度:对外合作或师资聘用等需签署正式合同并规范管理。

二、明确责任

在中小学家庭教育指导工作中,明确职责是协调多元主体关系、提升协同效能的核心环节,是教育治理精细化的体现,也是组织与领导一体化建设的关键节点。

明确责任就是角色定位清晰化,组长做什么,班主任做什么,家长做什么,避免"越位(如学校过度干预家庭教养方式)"和"缺位(如家长完全依赖学校教育)"。明确责任就是权责边界制度化,通过章程、协议等明确各方权利义务,例如按照示范学校评估标准规定的次数开展家访和公益活动。再如与家长签署《家校合作协约》,约定家长参与学校活动的频次与形式。明确责任要求协作机制显性化,将抽象的合作理念转化为具体行动指南。当然,明确责任,也应该保持一定的弹性,如允许调班、调岗、调课和申诉等。

三、氛围营造

我国历来都注重家庭教育的氛围营造。学校家庭教育指导氛围营造的主要路径和方法是通过文字、图片、视频、声音等媒介,应用课堂、讲坛、沙龙、研讨会、表彰会等形式,通过电话、电视台、网站、微信、抖音、公众号、微博、QQ 群等工具及平台传播信息,营造一个领导关心支持、教师主动积极、家长积极参与、社会(社区)积极配合的良好的、包容性的学习、研究和实践的环境。

5.2.4　推动资源共享的策略与实践

教育生态需要内外资源交换共享。我国家校社协同育人的本质特征和核心要求之一就是资源共享,其也是组织与领导一体化中的关键组成部分和重要措施,它能够促进不同部门和组织之间的合作与协调,增强组织与领导的号召力和凝聚力,更重要的是弥补资源尤其是资金的不足。

一项对我国八省(自治区)149 所中小学和幼儿园的校长、教师和家长进行的问卷调查发现,校(园)长认为在开展家校社协同育人工作中排在前三的困难是"经费不足""人员不足"和"资源整合困难"，其中58.4％的校（园）长反映经费不足是阻碍学校开展家校社协同育人的首位困难。具体来看，87.3％的校（园）长认为开展家校社协同育人工作需要专项经费；而与之形成对比的是，34.9％的校（园）长表示没有开展任何工作的经费，而在有经费的学校中，大部分经费也是学校自筹所得（罗芮等，2022）①。可见，资源共享对学校开展教育指导工作非常必要。

在现实中，家庭教育指导工作只是学校整体工作的重要组成部分，再多的人、财、物与技术等资源在永无止境地追求卓越的过程中，都可能是被认为有限的，更何况现实中本就捉襟见肘。学校不可将有限资源全部倾注于"见效慢"的家庭教育指导事业上来。因此激发现有存量的资源能量、借势外部资源和与参与主体共享资源，成为提升学校家庭教育指导质量的应然途径和手段。

激发校内现有存量资源共享。内部创建共享平台和文化，将课程材料、教育技术设备、活动场地等进行有序地统一管理和共享。教师、家长和学校各方均可将经验、教案与案例共享于平台资源库，参与各方都能随时访问并利用其中的资料、工具和课程。

借势外部资源并与之分享学校资源。争取政府政策支持和资金支持；申请区县市乃至国家课题项目；聘请家长做志愿者和兼职讲师；与大学、社区、社会组织合作，引入课程，开展教育和教师培训合作项目等。将技术、经验、案例、场地、课程教材乃至优秀指导者（教师）共享。组织和参与教联体，与教联体成员共享设备、场地、课程、专家以及组织与领导管理经验。

---

① 罗芮等.学校视角的家社协同育人现状与问题分析——基于我国八省（自治区）的实证调查[J].中华家教，2022年第6期.

在资源分配时需要注意公平性,避免任何一方过多或过少地获得资源。在实际分配过程中,可以根据实际需求、贡献度和优先级来进行合理的调整,确保各方能够得到所需的支持。同时坚持需求导向,资源分配应该根据实际需求进行,不同部门和组织有不同的资源需求,应根据优先级和实际情况进行分配,而不是平均主义式的分配。还应注意长期性与可持续性,资源共享不能只停留在短期的共享上,还需要注重长期规划和可持续性。例如,教师的专业发展资源不应仅在某个阶段提供,而要形成长期的支持体系,以确保教育质量持续提升。当然,资源共享和分配后,需要定期评估资源的使用效果,查看资源是否有效地促进了目标的实现,及时调整资源分配策略,以不断优化资源使用效率。

5.3　古美学校的实践探索

5.3.1　构建组织与领导一体化体系的目标与规划

一、目标共识

学校协商并制定家庭教育"四有"目标。学校以《上海市古美学校章程》为依据,注重家庭教育工作的统筹规划,制定了"居委会有担当、家长学校有亮点、家校互动有实效、教育成效有特色"的"四有"目标。

强化合作意识。古美学校在与家长互动中,强化孩子的快乐健康成长是双方一致的目标。致力于家校社之间建立起相互信任的关系,通过定期的沟通、交流和合作活动,增进彼此之间的了解和信任。

共享美好愿景。学校践行"多元发展,人人成功"的办学理念,支持学生全面发展、快乐成长,人人成功。"多元发展,人人成功"既是理念,也是愿景,学校亦将之应用到家庭教育指导上,鼓励家长组团学习,与其他家长协作,积极参与亲子活动,分享育儿经验,以达到"多元共发展,人人(成为)好家长"的愿景。

古美学校制定短、中、长期发展规划。长期规划如《上海市古美学校五年发展规划》。中期计划,如通过上海市家庭教育示范学校评审。短期计划,如2022年第一学期就将市级家庭教育课题《"双减"背景下家校协同,共同育人中发挥家长主体性的行动研究》的实践研究、"智慧美"家长学校课程建设和进一步建立健全家委会组织机构、组织家委会开展系列读书沙龙活动等纳入工作计划中。

无论是学校中长期计划,还是校内家庭教育指导服务的具体工作目标,还是家长教育的目标,都统一到"'立德树人',为我国我党培养新时代'四有'社会主义建设者和接班人"这个终极目标上来。

二、组织协力

(一)坚持党建引领

坚持党的领导,激发党建新活力。党总支加强党对学校工作的全面领导,坚持"多元发展,人人成功"的办学理念,紧紧围绕九年一贯制育人的阶段特色和目标定位,将党建融入学校育人全过程。以党建带工建,深化党建工作与学校发展的高度融合;以党建带团建队建,组建党政组织,领导培养一支品行正、素养高、能力强、团结协作的干部队伍；以党建促家校社协同育人，积极推进家校社育人共同体建设，谋划家庭教育指导一体化建设，打造内外融通、同心同向、协同育人的"成长教育"系统。

（二）组织多方领导小组

学校始终高度重视学校家庭教育工作，成立由校长担任组长，党总支书记担任副组长，家庭教育工作分管领导、校级家委会主任、社区干部和总务主任组成的家庭教育工作领导小组。

每学期初，领导小组讨论并制定学校家庭教育工作计划。学期末，领导小组对学校家庭教育工作进行总结反馈。通过每学期不少于 2 次的家庭教育工作专题会议，对学校家庭教育工作进行规划部署、组织实施、指导评估和总结完善，增强家庭教育工作的管理实效。

为保障学校家庭教育工作有序开展，学校成立由家庭教育工作分管领导（陈怡琼）担任组长，德育主任、教导主任、科研室主任、教师发展部主任、大队辅导员、校级和年级家委会代表、居委干部、共建单位干部等组成的骨干团队，团队成员分工明确，职责到位。

（三）建立三级家委会

依据国家、上海市、闵行区等关于建立中小学幼儿园家长委员会的文件精神，学校建立了校级—年级—班级三级家长委员会网络。家长委员会参与学校管理，民主监督，为学校家庭教育工作出谋划策，推动学校家庭教育的发展。学校各级家委会代表由家长自愿申报，民主选举产生。校级家委会经选举产生一名主任、两名副主任，负责校家委会领导和组织工作。

学校构建了由家委会主任为主要领导的教育支持部、生活安全部、宣传推广部、活动策划部和综合事务部五个校家委会职能部门,实现扁平化管理,各部门分工明确,职责清晰。

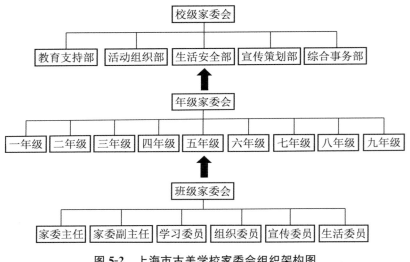

图 5-2　上海市古美学校家委会组织架构图

(四) 构建三位一体的联席办事机制

以服务而不是管理的理念,以问题而不是工作程序为导向。学校为了保障家委会工作顺利开展,又专门设立了家委会办公室。学校家委会每学期至少召开 2 次工作联席会,校长、副校长等学校决策层出席并汇报学校重点工作和处理涉及学生家长利益的重大问题。

(五) 抓实"智慧美"指导阵地建设

依据全国妇联、教育部《关于进一步加强学校家庭教育指导工作指导意见》、上海市教委《上海市中小学幼儿园学校家庭教育指导建设标准》的通知文件精神,学校加强"智慧美"学校家庭教育指导一体化建设与推进。学校成立了由学校校长任"智慧美"学校家庭教育指导校长,学校学生处主管、大队辅导员、心理教师、年级组长、外聘专家及校家委会主任任"智慧美"学校家庭教育指导工作小组成员,携同全校 30 位班主任,组成一支强有力的家庭指导师队伍。

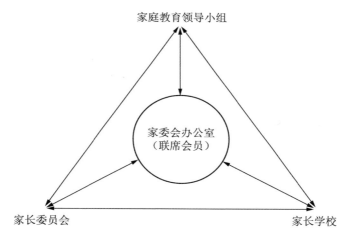

图 5-3　古美学校家庭教育三位一体的组织示意图

（六）成立专家顾问团

学校聘请了徐红、仇忠海、张人利、章志强、倪继明等名特校（院）长,成立专家顾问团,为学校发展献计献策。

5.3.2　组织与领导一体化的实践举措与成效

一、行动一致

（一）明确分工

学校不仅邀请多方参与组织和领导家庭教育工作,而且根据工作需要设置岗位并明确各自的责任与分工。

表 5-2　古美学校家庭教育工作领导小组成员职责与分工

职务	成员及职务	主要职责与分工
组长	校长、党总支书记	全面负责学校家庭教育工作的领导、组织与管理
副组长	社区干部	协助学校开展家庭教育工作相关活动
副组长	校级家委会主任	协调与学校的工作关系,规划家委会工作,带领协调家委会、家长志愿者开展家校协同
骨干核心成员	德育主任	协调各部门落实家庭教育各项工作;组织开展好家长学校建设;负责家庭教育工作过程管理
	教导主任	通过教研组建设,组织课堂开放活动,负责学科的家庭教育学习习惯、方法的指导工作
	科研室主任	加强学校家庭教育工作课题立项、推进;协助开展学校校本课程的开发与设计
	教师发展部主任	组织开展家庭教育指导领域班主任、导师等培训工作
	总务主任	落实学校家庭教育指导工作的各类保障
	大队辅导员	协助开展家庭教育工作各类主题活动,负责宣传报道。
	心理教师	负责为家长提供心理健康辅导与育儿指导
	年级组长	协调、落实年级组家庭教育指导工作
	教研组长	开展学科领域学习方法、学习习惯的指导
	班主任	落实班级家庭教育指导工作
	年级、校级家委会委员	参与家庭教育活动,及时反馈,提交相关建议和要求
	共建单位干部	协助提供学校家庭教育开展实践活动场所、资源等
	居委干部	负责协调社区教育力量,提供假日活动指导
	学校法治副校长	提供拓展家庭教育指导资源,协同开展家庭教育活动

表 5-3　上海市古美学校家委会成员岗位职责

分　工	职　责
家委主任	总体负责组织协调家委会的各项工作。召集家委会委员,精心策划、筹备和组织富有教育意义的活动。
教育支持部	代表家委会参与学校教育工作,负责相关工作的家校沟通协调; 负责整合家长资源为学校教育教学活动提供支持; 组织家长发挥家长资源优势,为学生开展校外活动提供教育资源和志愿服务; 组织家长发挥家长自我教育的优势,交流宣传正确的教育理念和科学的教育方法; 负责校家委会微信群微课学习更新工作。
生活安全部	代表家委会配合学校做好学生成长环境方面的工作; 负责生活安全相关工作的家校沟通协调; 负责组织家长为学校在孩子生活安全方面工作提供支持和志愿者服务; 代表家长对学校相关方面工作进行监督,提出建议。
宣传推广部	负责校家委会的宣传工作; 配合学校的宣传工作; 负责家委会对外宣传推广工作以及媒体接待联络。
活动策划部	代表家委会参与学校活动的组织策划; 负责校家委会活动组织策划。
综合事务部	负责校家委会会议组织; 负责配合学校管理家长资源库; 负责家委会的团队文化建设; 负责家委会财务审计工作; 负责爱心基金的管理工作; 负责家校沟通工作,及时将家长意见建议反馈学校; 配合学校突发事件的处理工作以及其他工作。
志愿者 (若干)	协助校级、年级、班级各项活动,机动灵活。

（二）机制制订

学校在家庭教育指导一体化过程中逐渐形成了系统的、连贯性的工作机制。

1. 家庭教育指导主体运行机制。如:《上海市古美学校家长委员会章程》《上海市古美学校家庭教育管理制度》《上海市古美学校家长委员会章程》《上海市古美学校家庭教育指导章程》《上海市古美学校家庭教育指导家长行为规范》《上海市古美学校家庭教育指导校长职责》《上海市古美学校家庭教育指导教师职责》《古美学校家庭教育管理制度》等。

2. 家庭教育指导日常工作机制。如:"家庭教育专题工作会议机制""学校家庭教育工作联席会"机制,定期召开会议,提高认识,统一思想,共同商讨学校家庭教育指导工作目标、实施和推进;"研究—实践—评估—反思再实践"机制,及时分析、调整和解决家庭教育工作推进中存在的问题;学校全面实行导师制度,制定了《上海市古美学校全员导师制实施方案》和"全员导师制评价激励机制",将导师家庭教育指导水平与绩效纳入教师年终考评体系,充分发挥学校绩效奖励的杠杆作用,点燃导师在家庭教育指导领域的工作热情;制定《上海市古美学校家长微信群公约》,利用信息技术的便捷性,开展家庭教育的指导工作,激发家长学习兴趣,提高家校互动性和实效性;制订"学期工作总结反馈"机制,每学期学校利用家长会或微信公众号等形式,向家长反馈学校教育教学工作开展情况;"家校协调"机制,学校充分整合家庭、社区资源,建立"家校社"家庭教育协调共建机制,发挥共建单位的职能,营造出良好的家庭教育氛围;《上海市古美学校家访工作管理制度》对教师家访的要求、数量以及家访的内容等进行了规范。例如:新接班班主任 100% 家访、导师每学期家访人数不少于 2/3;对于特殊群体的个别化家访,学校领导带头家访,并要求年级分管领导、年级组长、班主任和导师一起组团家访,做到每学期 1—2 次,学校全员育人,解决家长家庭教育中存在的问题。

表 5-4　上海市古美学校家庭教育工作专题会议列表

(2022 学年)

会议时间	会议主题	会议内容	参与人员
2022.9.8	家校携手同发力 凝心聚力谋发展	讨论制定学校家庭教育工作、"智慧美"家长学校工作计划	家庭教育工作领导小组成员
2022.12.29	科研引领 让家庭教育更精彩	共同商议学校市级家庭教育重点课题申报工作和实施路径	家庭教育工作领导小组成员
2023.2.23	家校齐心 共筑孩子美好未来	讨论制定学校家庭教育工作、家长学校工作计划、"智慧美"家长学堂课程建设	家庭教育工作领导小组成员
2023.6.29	以评促建求突破 家校共育幸福花	共同商议学校申报市家庭教育工作示范校准备工作	家庭教育工作领导小组成员

(三)筹集经费

筹集专用经费,确保逐年增长,保障学校家庭教育指导工作向优向强稳步推进。

(四)氛围营造

学校对内面向教师、家长和学生,以文字、图片、视频、声音等媒介,通过讲坛、沙龙、研讨会、表彰会、工作坊等载体,应用网站、微信群、公众号等工具及平台发布新闻,树立榜样,分享经验,营造一个良好的学校—家庭—社会、教师—家长—学生主动积极的、气氛浓烈的、包容性强的家庭教育学习、研究和实践的环境。

三年来,学校受到中国教育电视台等各大媒体报道近 230 余次,提升了学校知名度和美誉度,增强了师生自豪感和归属感。例如:学校陆续推出"古美爸妈说"和"古美少年说"等特色活动,组织家庭参与上海教育电视台的《爸妈说》和《智慧父母成长课堂》栏目;2022 年 8 月,我校余佳玮老师及部分八年级学生参与拍摄《公共安全教育开学第一课》,全上海市中小学生共同观看;2022 年 10 月,上海市教育电视台"一校之长"栏目专题采访我校上海市特级校长、正高级教师章志强校长,学习强国、闵行教育等多家媒体转载报道;2022 年 11 月,上海市教育电视台"我想采访你"栏目专题采访我校党总支书记、常务副校长王静;2023 年 4 月,闵行教育官方公众号报道我校"重走长征路,共筑爱国心"活动,由部队官兵、师生和家长组成的 300 人健跑方阵,伴随着呐喊助威声,一同踏上起跑线,重温长征路;2024 年 4 月,在闵行文化公园内,由上海市古美学校、上海市实验学校西校和上海市闵行区古美路街道妇联共同举办、一心公益发展中心协办的"行走的美术包"公益亲子健步走活动如期举行。本次活动吸引了 635 组家庭参与,他们用奔跑传递爱心希望、为公益事业汇聚"家校社"三方力量;2024 年 12 月,中国教育报以"晨光里的约定:校长与学生一起健康乐跑"为题报道我校乐跑团活动,在校长的感染下,学校党团员教师和家长志愿者们一起加入晨跑领跑,养成锻炼的习惯,以更好的精神状态迎接每天的学习和工作;学校公众号 60 多篇家庭教育的内容先后被上海家长学校、今日闵行、闵行教育、古美家园等平台转载。

二、资源整合与共享

（一）领导关怀和专家支持

学校家庭教育事业受到市、区、街道各级政府领导和教育部门领导的关心和支持。聘请了徐红、仇忠海、张人利、章志强、倪继明等名特校（院）长,成立专家顾问团,为学校发展献计献策。邀请郁琴芳、姚爱芳、刘晔萍、陈默、贺岭峰、王枫、应一也、孙传远、王梅雾、傅蕾、陈珊、贾永春等数十位专家学者来校讲学和培训,助推我校家庭教育指导一体化建设。

（二）家长参与

家长群体也是学校宝贵的、不可或缺的资源。2022年至今,共计有2 300多人次的家长参与校园各类志愿活动。家长参与校园志愿活动,包括但不限于安全护校、课程开发、授课、经验分享、亲子阅读。例如:2022年8月,古美学校积极响应"全国家庭教育宣传周"和"上海市家庭教育宣传周"的号召,家长积极参与并与学校一道开展了系列丰富多彩的活动;学生处陆续推出"古美爸妈说"和"古美少年说"特色活动,有四位家长参与录制了上海教育电视台的《爸妈说》和《智慧父母成长课堂》。注重家长参与是古美学校家庭教育指导的重要特征之一。2024年5月,以"扎根实践　学段贯通　自主成长"为主题的上海市第26届家庭教育宣传周暨闵行区上海市家庭教育工作示范校展示中学专场活动在上海市古美学校举行,活动中师生、家长以微论坛、心理剧等形式展现家庭教育中的真实情境,活动得到上海终身教育研究院执行副院长、博士生导师李家成教授以及闵行区教育学院朱靖院长等专家的高度认可。

（三）多方合作和资源共享

学校与上海市教科院家庭教育研究与指导中心、上海市家长学校总校、闵行区家庭教育指导中心、闵行区教育学院、上海家庭教育研究中心、上海市终身教育研究会家庭教育专业委员会、上海教科院普教所学生发展中心、华东师范大学教育学院、上海体育学院、上海开发大学等20多个教育和科研机构建立了资源共享与项目合作关系。

学校与上海教育电视台、今日闵行、闵行教育、古美家园（公众号）等10多家媒介合作,通过它们传播我校家庭教育指导理念、方法和经验,提升社会家庭教育氛围和促进家庭教育指导事业发展。

学校与无锡市校长班、上海市徐汇、静安、松江、嘉定等区德育干部和家委会主任、上实教育集团、三新教育集团、浦东周浦学区等单位,以及江苏、云南、江西、安徽等数十所学校开展学校家庭教育工作经验交流。

（四）示范辐射与交流

作为新基础教育九年一贯制生态区组长校,自两校一体化发展以来,学校呈现蓬勃向上、引领示范态势。

2019年4月,学校承办华东师范大学"生命·实践"教育学研究院和闵行区教育局联合主办的"新基础教育"共生体"学校四季综合活动"研究"学校日常生活中的学生发展"第六次全国现场研讨会,开设主题班会并作班级学生自主管理专题汇报交流;2020年10月,中学部主任陈怡琼老师作为上海市"新基础教育"基地校代表,在全国首届"山水论道:教育与自然"论坛上作题为《"问渠哪得清如许,唯有源头活水来"——基于自然四季的校园新生活创造》分享,就"自得园"综合活动中学生自主管理与行规养成的综合融通主题进行了经验交流;2022 年,学校三次与日本友好学校进行线上交流,向日方学校宫城县金濑小学和长崎县大村市立三浦小学介绍学校校园文化、课程教学、家校共育等办学特色;2023 年 3 至 8 月,王静书记分别在闵行区骨干班主任培训班、闵行区家庭教育示范校创建会、古美路街道家庭教育校园专场交流活动上就古美学校家庭教育工作经验进行分享。2023 年 7 月,在章志强校长和王静书记的带领下,古美学校和实验西校两校行政、教师代表一行前往云南省昭通市绥江县城关中学和玉泉小学开展爱心助学活动。2023 年 8 月,王静书记在由华东师范大学教育部高校思想政治工作队伍培训研修中心主办的江西省、安徽省等教师研修班上就德育工作作专题汇报和交流;2021 年至今,王静书记为无锡市校长班、上海市徐汇、静安、松江、嘉定等区德育干部和家委会主任、上实教育集团、三新教育集团、浦东周浦学区、云南玉湖学校等开展学校家庭教育工作经验交流。

第6章 家长教育与指导一体化：课程开发与实施

6.1 家长教育与指导一体化的内涵与重要性

6.1.1 家长在孩子教育中的关键角色与作用

家长是孩子教育的重要参与者，他们的知识、技能和支持对孩子的学业、情感和行为发展具有深远影响。学校为家长提供教育培训、个性指导及其相关资源是确保家长能够有效支持孩子成长的核心责任之一，也是学校家庭教育指导一体化建设的最核心部分。组织与领导一体化和教师专业发展一体化就是围绕家长教育与指导一体化展开。

家长教育与指导一体化主要关注家长在孩子教育中的角色。家长需要与学校共同达成目标共识，理解和支持学校的教育理念及实践。学校和家长之间要保持良好的沟通与合作，协调一致地支持孩子的成长。课程开发上，要消除学段之间的隔阂，课程实施上要提高家长参与度和加强家校合作。同时，学校要提供资源，帮助家长提高教育能力，家长也要参与学校共建共享教育资源，促进家庭教育指导事业的有效进行。

6.1.2 家长教育与指导一体化的核心目标与重点

学校家长教育与指导一体化建设的重点有两个:一是课程开发与实施(见本章),一是提高家长参与度和主体性(见下一章)。前者是指导者(教师)与家长的互动,多是指导者(教师)对家长进行教育培训和指导。后者则是,家长或主动或被动参与到家校主导的家庭教育指导事务中来。

6.2 课程开发与实施一体化的实施路径

家长教育与指导一体化最显著的表现就是课程开发与实施一体化。本章按目标共识、组织协力、行动一致和资源共享的行动框架来论述如何进行课程开发与实施一体化。

6.2.1 课程开发与实施的目标共识达成策略

在对家长进行教育培训和指导时,我们教师极可能面临这样一个尴尬局面:辛辛苦苦自以为是地为家长提供丰富的课程或有效的指导时,结果家长却不买账,反馈回来直接"打脸"——或理论过多,或不实用,或老生常谈,或不感兴趣。

这种反差的背后,是家长与指导者对家庭教育指导内容的认知差异。有研究者在对上海部分中小学教师的问卷调查中发现,学校提供家庭教育指导服务内容的前五名,依次是:道德品质、孩子心理健康、学习能力、考试升学指导,生命与安全教育,亲子沟通(周时奕,2023)①。而实际上,超过半数的家长重点关注的还是孩子的学习能力(王静,2022)②。这种情况,在经济欠发达的三、四线地区尤甚。研究发现,在初高中的高年级班级家委会上,班主任对家长的教育和指导主要围绕学生学习压力展开。即便是个体心理辅导,也多是围绕如何提高学生学习自觉性和动力展开(朱文学,2021③;乔国娇,2021④)。还有研究者对我国八省(自治区)149 所中小学进行了问卷调查,结果发现,对"在育人过程中,学校需要与社区合作"的认知存在显著差异,中小学班主任在与社区合作的认知上不如幼儿园班主任积极(罗芮等,2022)⑤。

学校以"立德树人"为首要目标,故教师将"道德品质"放在第一位,家长每天面对孩子的"叛逆"现实而首选"心理健康"。但在现实中家长和教师又不得不面对共同压力——学业成绩而统一目标。同样,幼儿园时期的孩子最需要社会化,家长参与的积极性也最高,教师和家长都没有升学压力,于是参与社区活动最为活跃。而中小学班主任尤其是高年级班主任,认为学生已经有很强的社会化能力并有升学压力,对社区合作积极性自然下降。

---

① 周时奕.新时代中小学家庭教育指导服务体系的优化策略研究——以上海市为例[D].华东师范大学,2022.
② 王静等.上海市家庭教育重点课题《"双减"背景下家校协同育人中发挥家长主体性的行动研究》结题报告[R].上海市古美学校,2022.
③ 朱文学.初中学校"家庭教育指导"的问题与对策研究——以淄博市桓台县 CN 学校为例山东师范大学,2021.
④ 乔国娇.学校家庭教育指导现状及对策研究基于 Y 市 S 中学的调查[D].华中师范大学,2021.
⑤ 罗芮等.学校视角下的家校社协同育人现状与问题分析——基于我国八省(自治区)的实证调查[J].教育研究,2022.

上述家长与教师间的认知差异和不同学段教师(班主任)间的工作目标差异,都反映了课程开发与实施一体化在目标共识上的复杂性和重要性。一方面,大多数学校依然认为学校的主要任务应该是完成常规教学工作,然而同时迫于家长群体过分关注学业成绩的压力,不得不将资源与精力聚焦于短期快速提升学生学业成绩上。另一方面,存在无暇顾及的事实,学校管理人员和普通教师在学校治理、准备课程、课堂教学、批改作业、辅导学生时已经非常忙碌,无法有过多的时间来开展专门的个性化的家长教育培训和指导。如何兼顾双方的共同关注? 以下是当前中国中小学校的通行做法:有学校将课程切入点定位在幼—小、小—初、初—高衔接的适应性问题,有学校将职业规划作为主题,还有学校将在家作业作为科研和课程开发方向,有学校将阅读作为主题,还有学校则将招生考试政策解读及资信作为课程开发的抓手。

上述热点课程主题,确实能在一定程度上兼顾家校双方利益,但也存在指导内容单一、狭隘的局限性:重儿童学业轻情感及全面发展,重儿童发展轻家长发展。最终,可能不利于终极目标的实现——孩子全面发展和健康快乐。

课程开发与实施如何达成目标共识本身就是一个难以攻破的课题。不过,在课程开发之前,通过调研来了解各方的需求,找到各方需求之共识来制定开发方案,不失为一种可行的解决之道。

6.2.2 课程开发与实施的组织协力机制

课程开发和实施一体化的组织协力特征就是(横向跨学科、跨部门)与纵向(跨学段、跨层级)协同。

在跨学科(参与主体)协同上,可能会组织以下教师参与:德育学科(心理学、教育学、思想政治)教师;专门学科(语文、数学等)教师;技术(信息科学)教师,体现课程的全面性。

在跨部门协同上,可能会涉及以下部门或组织:学校家庭教育领导小组,家委会,教研组,备课组,大班。跨层级协同上,要求家庭教育领导小组与项目小组之间,校—年—班家委会层级之间,校—年—班层级教学教研之间以及上述三组组织之间协调。跨部门协作和跨层级协作,体现课程实施的组织协同。

在跨学段协同上,幼儿园、小学、初中和高中各学段各年级组织均有考虑,且要求幼小、初小、初高学段衔接顺畅,体现课程开发及其实施的连贯性和一致性。

更重要的是,要达到课程开发和实施一体化的组织协力,还特别需要家长的参与和外部专家参与。家长参与能增强课程的实用性和针对性,促进家校衔接,提升家长自身能力和信心,营造家校合作氛围。而专家能为课程开发提供专业指导和理论支持,助力课程内容开发的系统性和全面性。专家还可以提供课程效果评估,改进课程质量和实施效果,同时专家的参与能够为家校之间、不同家庭之间搭建一个交流的平台,促进教育资源的共享和先进教育理念的传播。

6.2.3 课程开发与实施的行动一致保障

一、课程开发内容

课程开发与实施一体化首先要求内容系统且连贯一致,多样性与实用性统一且内容要螺旋上升。

(一) 内容系统连贯一致

2010年2月,全国妇联与教育部等七部门联合颁布《全国家庭教育指导大纲》,2019年又对大纲进行了修订。修订后的《指导大纲》按儿童少年的生命成长过程分阶段,就指导内容进行了系统的框架性的列示。全国各省也根据全国大纲,按照本区域情况颁发了地方性的家庭教育指导大纲。

2022年1月1日正式实施的《中华人民共和国家庭教育促进法》中的第十六条就家庭教育内容和教育方法作了框架性规定。内容方面涉及爱国情操、品德、成才观、身体健康(含珍爱生命)、心理健康、劳动观等七大方面。教育方法则涉及陪伴、家长参与、日常家教、言传身教、严慈相济、尊重差异、平等交流、共同促进及其他。①

2022年2月,上海修订《上海市0—18岁家庭教育指导内容大纲(试行)》,形成并颁布《上海市家庭教育指导大纲(修订)》(以下简称《大纲》)。《大纲》按照新婚期、备孕期及孕期,儿童不同年龄段,以及特殊儿童、特殊家庭,共分为8个部分72个专题。大纲体现了上海特色:明确突出品德教育在家庭教育中的重要地位,德智体美劳"五育"及身体、心理和社会性发展维度等八要素贯穿指导全过程,根据每个年龄段儿童的发展规律提出不同指导要求,并且随着年龄增长,指导要求逐步递进。《大纲》要求男女平等基本国策进家庭教育,重视并新增特殊家庭和特殊儿童家庭服务与引导、提出培育儿童的世界眼光和开放态度;《大纲》支招"网络原住民"家长,对儿童使用电子产品进行了规范及指引。从0岁开始就为

① 家庭教育促进法.中国政府官网 http://www.moe.gov.cn/jyb_sjzl_zcfg/zcfg_qtxgfl/202110/t20211025_574749.html.

家长提供了建议，指出：0—3岁儿童家长要注意"减少屏幕暴露，不用电子产品代替家长陪伴"；3—6岁儿童家长要"避免让儿童长时间观看电视、电脑、手机等""家长在日常生活中尽量减少使用各种电子产品，利用各种日常用品和活动开展寓教于乐的家庭亲子游戏"等；在小学、初中、高中阶段分别设"科学合理使用网络及电子产品""指导儿童正确使用电子产品与新媒介""提高儿童的网络素养"等专题指导家长如何处理好与网络、电子产品、新媒介的关系，提出制定"家庭网络公约"等建议。①

上述国家、省市颁布的《家庭教育指导大纲》内容是系统且连贯一致的，是包含学校在内的，各类家庭教育指导服务机构的课程开发与实施的框架。

（二）多样性与实用性统一

但有了大纲，并不意味着家庭教育指导课程作为校本课程开发就很轻松。在课程开发过程中，极可能会遇到下列问题：

1. 如何满足多样化家庭的需求？家庭背景、文化、社会经济地位的差异可能导致家长的教育需求千差万别。家长在课程中的需求各异，有些注重学业辅导，有些更关心心理健康或品德，有些是单亲家庭、低收入家庭需要特殊教育。解决思路：在课程设计中加入模块化结构，设计通识必修课并提供选修部分，让家长根据需求选择适合自己的部分。必要时开展家长需求调研，了解他们的具体困惑和关注点，确保课程针对性。

2. 如何设计针对性强的课程？课程内容可能过于理论化，家

---

① 上海市家庭教育指导大纲（修改）.上海学前教育网 https://www.age06.com/age06web3/Home/MobileImgFontDetail/f8dec5d5-8ab8-4662-bcec-a7dd182f0abc.

长难以在实际生活中应用，怎么办？应对措施：需求调研——在课程设计前进行家长需求问卷调查，明确优先关注的问题；模块化设计——课程分模块，家长可以根据自己的需求选择适合的部分学习；实用性导向——结合案例、情景模拟和工具包，帮助家长将课程内容应用到实际生活中；定期沟通——定期与家长沟通，了解他们的焦点需求，动态调整课程内容；家长参与——邀请家长参与开发课程，提供经验和案例，使得课程更有针对性和实用性。

3. 如何平衡理论性与实用性？课程内容如何既具有科学依据，又不让家长觉得理论性过强，缺乏操作性？家长可能不擅长将理论知识应用于实际家庭教育中。解决思路：使用案例教学和实际操作活动（如亲子互动练习、角色扮演家庭剧）帮助家长将理论转化为实践；提供简单易用的工具包，如说明手册、心理量表、时间管理清单、家庭沟通技巧卡片等，让家长直接应用；突出课程的核心内容和案例，避免过多学术性讨论。

4. 课程实施时间有限。教师备课和授课需要时间，但学校可能难以在学期内安排额外的时间窗口。课程的时间安排可能与家长的工作时间冲突。如果安排在家长的工作日内，可能会导致部分家长缺席。如果安排在家长的空余时间，又可能会牺牲教师的正常休假。应对措施：整合时间资源——将家长培训融入学校的已有活动中（如学生报到日、开放日、家长会、寒暑假）；短时高效设计——精简课程内容，设计更短、更集中的课程模块，例如每次30—60分钟；灵活形式——提供异步线上课程，让家长在自己的时间学习，减少对学校教学时间的占用。

5. 如何处理敏感话题？家庭教育中涉及诸如单亲家庭、离异、再婚或特殊教育需求的敏感问题,家长可能对这些话题感到尴尬或防备,甚至不参与。如何引导家长正视这些问题,而不会感到被批评或指责?解决思路:在课程中使用匿名案例和研究数据,避免直接提及个人家庭问题;邀请专业心理咨询师或教育专家加入,提供温和且科学的指导;创建一个安全、非评判性的课程环境,鼓励家长开放表达和互动;通过学校的家庭教育工作坊针对个体服务与指引;在课程设计中注意语言与主题的包容性,避免标签化和歧视性内容;采用匿名反馈和保密机制,确保家长在参与课程时感到安全和尊重。

（三）内容螺旋上升

家庭教育指导自作为中国现代化学校的制度化安排以来,已经过去 20 年,尽管取得长足进步,但既未建立完善的家庭教育指导服务体系,也未建成完善一体化的指导内容体系(周时奕,2022[①];梁丽婵,2022[②];边玉芳,2024[③])。

最新颁布的《上海市家庭教育指导大纲(修订)》提出,家庭教育指导要坚持全面发展原则和"一体化"建设理念,构建"五育"并举螺旋上升的指导内容体系[④]。这对学校家庭教育指导课程开发一体化提出了更高的要求。不得不说,如何构建一体化的螺旋上

---

① 周时奕.新时代中小学家庭教育指导服务体系的优化策略研究——以上海市为例[D].华东师范大学,2022.

② 梁丽婵,边昊天,罗良.我国家庭教育指导服务评估的现状、关键问题和实施建议[J].中国电化教育,2022.5,第 424 期.

③ 边玉芳,张馨宇.我国家庭教育指导服务内容体系的构建与递送路径[J].中国电化教育.2024.12,总第 455 期.

④ 上海市家庭教育大纲(修订).上海市学前教育网 https://www.age06.com/age06web3/Home/MobileImgFontDetail/f8dec5d5-8ab8-4662-bcec-a7dd182f0abc#.

升的指导内容体系(包括课程),已成为当前中国必须攻关的课题,尽管目前没有明确的答案。

二、课程实施

(一)对家长教育培训

成体系的课程有了,就需要采取多元多途径的教育培训活动以吸引更多的家长参与进来。

1. 线下课堂教学。家长线下课堂教学是通过面对面的方式进行,由学校或教育专家主持,涉及具体的教育方法和家庭教育指导,帮助家长系统学习教育知识。例如,定期举办的家庭教育讲座,其涵盖家庭教育中的热点话题,如孩子情绪管理、学习方法、亲子关系等。专家通过具体案例讲解,让家长学习如何处理家庭教育中的常见问题。再如,在校心理工作室或名师工作坊进行团体或个体指导,如亲子沟通与教育技巧,此类活动通过小组互动或对话形式进行。

在线下教学过程中,先分析学生、家长,结合自己班级学校的具体情况,根据学生和家长实际,调查了解学生家长感兴趣或主要存在的问题,以调动家长的学习动力。找出要解决的问题,从而确定该次家长课堂的主题。这是家长最为关注的问题,也最能吸引家长(孔屏,2020)①。

2. 线上课堂教学。线上课程和网络平台为家长提供灵活的学习方式,尤其适合那些时间安排较紧的家长。通过公众号、小程序、腾讯会议或其他专门教学资源平台进行教学,家长可随时参

---

① 孔屏,刘菊香.家庭教育课程的组织与实施[J].中国成人教育,2020/14.

加,方便快捷。专家通过网络平台举办的讲座,家长可以在讲座后提问并与专家进行互动,讨论育儿经验,获得针对性建议。

(二)家访及会诊式指导

1. 家访

家访是指教育工作者(如老师、辅导员、心理咨询师等)到学生家庭进行面对面交流和沟通的过程,是一个非常重要且必须履行的家庭教育指导方式。

《中华人民共和国家庭教育促进法》等法律法规也间接强调了家访在家庭教育中的重要性,要求学校和家庭加强沟通与合作,共同促进学生的健康成长。教育部等十三部门于2023年联合印发的《关于健全学校家庭社会协同育人机制的意见》明确提出学校对学生每学年至少开展1次家访。《上海市家庭教育示范学校范校评估指标(2023—2027年)》明确规定出:"多途径开展个性化指导,认真落实家访制度,学校领导带头开展家访,班主任、导师等组团家访,每学年对每名学生至少开展1次家访,了解学生家庭生活状况,及时提供有针对性的指导"①。

通过家访,教育工作者可以了解学生的家庭背景、家庭文化、家庭教育方式等情况,更好地了解学生的个性特点、兴趣爱好、学习习惯等方面的信息,从而为学生提供更加个性化的教育服务。通过家访,教育工作者可以与学生家长进行面对面的交流和沟通,了解家长对学生教育的期望和要求,同时向家长介绍学校的教育

① 上海市教育委员会关于开展上海市家庭教育工作示范校(2023—2027年)评估工作的通知[E/OB].上海教育.https://edu.sh.gov.cn/xxgk2_zdgz_xxdy_03/20230620/6a707e16f2f347a9a85e7fe8287afbb5.html.

理念、教育方式、教育成果等，增强家庭与学校之间的联系和合作。通过家访，让学生和家长感受到学校的关心和支持，有助于增强家长对学校的信任和归属感，增强学生的归属感。家访也是教育工作者专业成长的重要途径之一，通过家访，教育工作者可以深入了解学生的家庭背景、家庭教育方式等情况，提升自己的专业素养和教育水平。

多数学校针对家访制订了详细的实施方案。

2. 问题会诊式指导

苏联教育学家巴班斯基在《教育过程最优化回答》(1982)中首次提出"教育会诊"概念①。我们不少研究者和学校将这个概念应用到家庭教育指导上，创造出一个新型的家庭教育指导模式：问题会诊式家庭教育指导。

会诊式指导是面向家长和学生的家庭教育指导方式，它借鉴了医疗领域中的会诊制度，通过集合多位教育专家或教师的智慧和经验，对学生的家庭教育情况进行全面、深入的分析和诊断，并提供针对性的指导和建议。

会诊式指导的操作流程一般经过准备阶段——会诊阶段——反馈阶段——持续跟进四个阶段。(1)准备阶段。由多位具有丰富教育经验和专业知识的教育专家或教师组成会诊团队。通过问卷调查、家访、电话访谈等方式，全面了解学生的家庭教育情况，包括学生的学习状态、兴趣爱好、性格特点以及家长的教育观念、教育方法等。(2)会诊阶段。会诊团队成员之间分享收集到的信息，

---

① 巴班斯基，波塔什尼克.教育过程最优化问答[M].利兰译.北京师范大学出版社，1985,第30页.

确保每位成员都对学生的家庭教育情况有全面的了解。会诊团队成员根据学生的家庭教育情况,进行深入的分析和讨论,找出存在的问题和困惑。根据分析结果,会诊团队成员共同制定个性化的家庭教育指导方案,包括教育目标、教育方法、教育策略等。(3)反馈阶段。会诊团队将制定的家庭教育指导方案反馈给家长,并详细解释方案的内容和实施方法。家长在听取方案后,可以提出自己的疑问和困惑,会诊团队成员会进行解答和说明。(4)持续跟进阶段。会诊团队会持续关注方案的实施情况,并根据实际情况进行必要的调整和优化。

会诊式指导需要注意:(1)尊重家长和学生,在会诊过程中,要尊重家长和学生的意见和想法,避免使用命令式或强制性的语言。(2)保持客观公正,避免受到个人情感或偏见的影响。(3)注重个

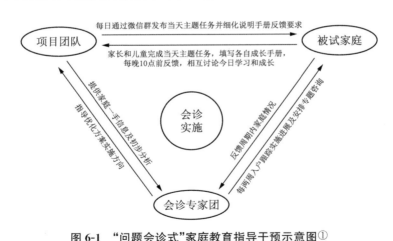

图 6-1 "问题会诊式"家庭教育指导干预示意图①

---

① 王彬.家庭教育指导服务的创新路径探究——基于"问题会诊式"全程性家庭教育指导模式试点的研究[J].宁波开放大学学报,第 22 卷第 2 期.

性化,根据学生的实际情况和家长的需求进行量身定制。(4)强调家校合作,双方要建立良好的沟通机制,共同关注学生的成长和发展。(5)持续关注和跟进,要定期与家长和学生进行沟通,了解方案的实施情况,并根据实际情况进行必要的调整和优化。

(三)其他课程实施活动

参见表6-1。

表6-1 常见家庭教育指导(课程实施)方式

一、课程与培训类指导形式	
1. 家庭教育指导师培训课程	针对家庭教育指导者设计的专业培训,包括基础理论、政策法规、协同关系和实践指导等内容。
2. 学段模块课程	针对不同学段(如学前、小学、中学)的家庭教育需求,设计专门的指导课程。
3. 心理健康促进指导课程	将分年段心理健康促进指导作为家长学校必修课,帮助家长了解孩子心理发展特点,提升应对子女心理问题的能力。
4. 亲子沟通技能培训	提供亲子沟通技巧和方法,改善家庭成员间的沟通效果。
5. 亲子关系修复团康	针对亲子关系紧张的家庭,提供关系修复和团队建设活动。
二、实践活动与体验类指导形式	
6. 家庭教育志愿者培训	组织家庭教育志愿者参与培训,提升他们的服务能力和水平。
7. 1对1指导服务	如家访,为家庭提供个性化的家庭教育指导服务,解决具体家庭教育问题。
8. 家庭教育实践基地活动	依托实践基地,开展家庭教育实践活动,增强家长和孩子的互动与体验。

续表

二、实践活动与体验类指导形式	
9. 案例教学与工作坊	通过案例分析和工作坊形式,让家长在实践中学习和掌握家庭教育方法
10. 家庭教育项目实操	组织家长参与家庭教育项目的实际操作,提升他们的实践能力。
11. 家校协同家访	加强家校沟通,通过协同家访了解孩子家庭情况,提供精准指导。
三、线上与线下资源整合类指导形式	
12. 线上家庭教育资源库	建立线上家庭教育资源库,提供丰富的家庭教育资料和课程。
13. 线上咨询与辅导	利用网络平台,为家长提供线上咨询和辅导服务。
14. 社区家长学校活动	在社区建立家长学校,定期开展家庭教育指导活动。
15. 学校家长学校课程	规范学校家长学校建设,优化课程设置,提升家庭教育指导水平。
16. 专家讲座与研讨会	邀请专家举办讲座和研讨会,分享家庭教育新理念和方法。
17. 家庭教育指导手册与资料	编制家庭教育指导手册和资料,为家长提供便捷的学习材料。
18. 家庭教育指导服务配送计划	根据家长需求,提供定制化的家庭教育指导服务配送。
19. 大数据平台监测与指导	利用大数据平台对家庭教育情况进行监测和分析,提供针对性的指导建议。
20. 强制家庭教育指导	针对严重不负责任导致未成年人违法犯罪或受到侵害的家庭,实施强制性家庭教育指导。
21. 跨部门合作指导	整合教育、民政、妇联、司法等部门资源,形成合力,共同推进家庭教育指导工作。

6.2.4 课程开发与实施的资源支持与共享

为了顺利高效地开展家庭教育指导活动,学校需要与家长、社区密切合作,提供各种所需的资源支持并与其他参与者共享。

一、教育专家资源支持

教育专家的参与是家长教育培训活动的重要组成部分,专家可以提供最新的教育理念、科学的育儿方法以及有针对性的解决方案。例如,邀请心理学家、教育专家、儿童发展专家等进行家长培训课程和讲座,针对家长最关注的问题,如儿童心理健康、学习习惯培养、亲子沟通技巧等,提供科学的指导。再如,提供专门(包括 1 对 1)的咨询服务,帮助家长解决家庭教育中的具体问题。在家长会后,班主任请某个或某类特征的学生(如学生迟交或不交家庭作业)家长到家庭教育名师工作坊,讨论孩子在学校的行为表现、学业困扰等问题。

二、学习资源支持

为帮助家长随时获取教育信息和提高自我教育能力,学校和社区可以提供一些学习资源支持。例如:提供线上教育平台(指导内容支持),分享视频教程、育儿文章等,家长可以随时获取信息;直接提供最新的教育书籍与学习资料,帮助家长在教育孩子时掌握新理论新方法;学校还可以印制手册,或通过图书馆、家长学校等途径,向家长提供书籍借阅服务,也可以与在线教育平台、图书馆、书店合作,确保家长能够方便得到丰富的学习资源;学校安排家庭教育指导项目小组负责人,组织家长参与特殊的学习团体(如阅读家长团、艺术家长团),团队成员自我学习外,还可以一起学习和交流经验，促进个体和团体共同成长。

三、技术与设备支持

随着技术的快速发展，线上教育和虚拟学习平台成为家长教育的重要工具。学校需要提供技术支持和设备资源，确保线上活动的顺利开展。如提供线上学习工具与平台，教家长如何使用，并为家长提供虚拟课堂、在线论坛、互动平台等工具，帮助家长通过网络学习教育内容，交流育儿经验。有必要与当地政府、企业和第三方教育机构合作，为部分经济条件不太好的家庭提供必要的设备和技术支持，确保所有家长都能参与到教育培训活动中来。

四、社会资源支持

学校可以通过与社区和社会组织的合作，进一步丰富家长教育培训的内容和形式。例如：协助社区举办环保公益活动、敬老公益活动、中华家风文化节、亲子游学等；联合大学科研机构、社区家庭教育指导中心、社会心理咨询机构，为家长提供免费的心理健康讲座和个人咨询，帮助家长更好地应对育儿中的压力和挑战；与社区委会联合，动员学生家长参与家风家教家训教育及评比活动，帮助家长拓宽视野和获得家教技巧，增强家长与孩子之间的互动，同时提升家长的社会责任感。

五、经费与政策支持

为确保家长教育活动的顺利开展，需要一定的经费支持与政策保障。学校可以通过申请政府补助、申报科研课题、寻求社会捐赠或通过校内预算为家长教育提供经费保障。

6.3　古美学校的实践案例

6.3.1　"智慧美"家长教育与指导课程体系的构建背景

本部分内容为综合、改编以下古美学校近年来三个重点研究课题的结题报告而成：

一、2019 年上海市家庭教育重点课题《小初衔接中提升学生成长适应性的家长指导课程优化研究》。课题研究与实践周期：2019 年 10 月至 2021 年 10 月。课题组成员：王静、章志强、钱燕、李铮怡、钱兴光、田静、奚玉丽、周永国、宁颖、杨路、张国平。

二、2022 年闵行区家庭教育重点课题《学段衔接中家庭教育指导课程的开发与实施研究》。课题研究与实践周期：2022 年 11 月至 2024 年 11 月。课题组成员：王静、吕晓明、陈怡琼、冯洁、马婧、邢明、计卫华、潘晶。

三、2022 年上海市家庭教育重点课题《"双减"背景下家校协同育人中发挥家长主体性的行动研究》。课题研究与实践周期：2022 年 10 月至 2024 年 10 月。课程组成员：王静、吕晓明、冯洁、陈怡琼、马婧、邢明、成梦、陈晓蕾。

上述三个研究课题均由学校党总支部书记、副校长王静主持。

一、问题提出

自与上海市实验学校西校一体化发展以来，古美学校获得进一步发展。作为上海市家庭教育示范校，古美学校在各级领导的关怀和支持下，在家庭教育研究与实践方面做出了一些成绩。随着家校社协同育儿的新发展新要求，我们在边学习、边研究、边实践的过程中，发现针对家长指导课程体系构建方面的研究很少，并存在一个普遍问题：很多学校（也包括部分家庭教育先进学校）虽然开发了很多课程，但整体工作缺乏清晰的目标，课程内容零散，不成体系……我校决定以学段衔接为切入点，探索面向全体家长，以提升学生成长适应性为主题的家长指导课程体系。

二、行动起点——调研

通过文献研究、行动研究，尤其是通过问卷、访谈等方法，了解学校家庭教育指导现状，梳理学生、家长、教师实际需求，分析原因，为家庭教育指导课程开发设置及优化提供依据。具体调研过程及分析策略。

三、目标共识

经过调研和全体研发小组的认证，学校就学段衔接中家庭教育指导课程与实施一体化形成以下共识：

第一，确定"坚持全面发展"原则和"一体化"螺旋上升开发理念，以培养"有知识、有方法、有修养、有行动"之"四有"智慧家长为总体目标。

第二，以学生成长规律和特性为纲，以幼小学段衔接适应性、小初学段衔接适应性和初高学段衔接适应性为聚焦点。先开发学段衔接适应性通识课程，再扩展到品德、健康、心理、语文、数学、英语、科学、艺术等其他科目，助力学生全面发展。

第三，确定整体发展和全面发展目标。围绕学段衔接适应性课程的开发与实施，教（导）师及相关人员（含志愿者）进行培训、家长开展教育和指导和学生教育培训，三者不偏废，三者协同进行（见图6-2）。

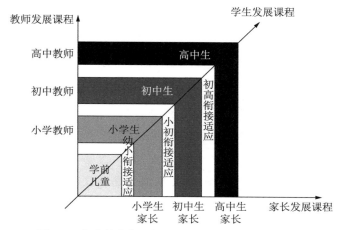

图 6-2　家庭教育指导课程开发与实施一体化总括图

第四,确定组织与领导目标,成立项目(课题)小组,制定若干机制,推动家庭教育指导课题开发与实施一体化建设。

第五,确定具体的评估指标。课程实施效果评估方面,如家长满意度达到95%以上,教师满意度达到90%以上,学生与家长间的亲子互动、情感交流明显上升。课题工作进程(计划)达成率100%。

6.3.2　"智慧美"课程体系的开发、实施与成效评估

一、组织协力

（一）成立课题小组

不同的课题,根据市、区及校级层级配置不同的课题管理组织,如,王静副校长主持的2021年上海市家庭教育指导课题《小初衔接中提升学生成长适应性的家长指导课程优化研究》。课题成功立项之后,学校立即成立课题研究组,由校长、分管副校长担任正副组长,组员包括了学生处、科研室、年级组、校信息中心教师和家委会代表。明确的分工保障了课题的顺利推进。

　　课题参与主体不仅涵盖了校内科研室、学生处、心理咨询室和德育处等机构,36位骨干教师(跨学科)、优秀家长和专家也作为主体参与其中,力求最大化实现研究深度和广度同步,力求参与主体多元以利于学校整体发展,力求打破各部门隔阂,团结协作,形成合力。

　　(二)家校社协同课程实施

　　学校方面,由校长领衔,全体教师参与区域重点课题《尊重理念下,"情趣慧"课堂构建的实践研究》作为配套项目;学校工会组建各类情趣社团,开展养心工程,提供人财物保障;心理专职教师领衔、班主任联动,开展子课题《积极心理学背景下初中生正面情绪的干预与培养研究》研究与实践。

　　社会(社区)方面,与古美社区心理工作坊、上海师范大学和复旦大学附属医院合作并聘请心理学、教育学、儿科等专家,为项目的实施提供课程开发、授课、个体与特殊指导服务。

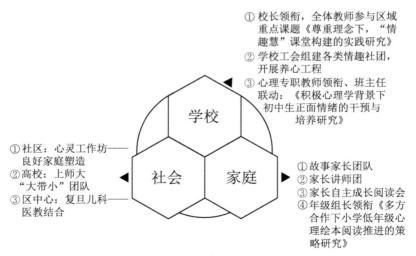

图6-3　家校社协同家庭教育与指导课程实施

家长方面,组织和依托"亲子成长营(阅读营、运动营、科研营、研学营)"、"家长读书沙龙"、"家庭教育工作坊"、"优秀家长讲师团"等载体,形成"读享结合、智慧共探、内外双驱、感召渲染"四条可操作的实施路径。

(三)制定运行机制

1. 课程建设制度

课程建设制度是保证课程建设质量和效果的重要保障。学校在学段衔接期家庭教育指导课程开发与实践中,建立了成体系的课程建设机制:(1)明确课程的基本理念、课程目标、教学内容和评价方式等,确保课程内容符合学生学段衔接的需求和家长的期望。(2)组建由家庭教育指导教育专家、教师、家长等共同参与的课程研发团队,确保课程内容的专业性和实用性。(3)建立定期的课程评估机制,通过问卷调查、访谈等方式收集家长、学生和教师的反馈意见,对课程内容和教学效果进行评估,及时发现问题并进行改进。(4)明确课程实施的步骤、方法、时间和地点等,确保课程实施的有序性和规范性。(5)建立课程资源共享平台,促进课程资源的共享和交流。(6)多渠道宣传课程的重要性、目标和成果,提高家长和学生的参与度和认可度。

2. 课程实施机制

为了确保学段衔接期家庭教育指导课程质量,我们加强了课程实施中的过程性管理,确保课程的有序实施和有效推进。(1)为每个课程单元制定详细的教学计划,确保课程内容得以全面、系统地传授。(2)建立监督机制,关注学习情况和家长的反馈。(3)及时调整和改进课程,确保课程与实际需求保持一致。(4)建立有效的沟通机制,了解家长对课程的期望和建议。(5)收集家长的反馈意见,对课程效果进行客观评价,促进课程质量的不断提升。

课程过程管理机制应用举例:"学校家庭教育工作专题会议"机制,定期召开会议,统一思想,提高认识,共同商讨家庭教育工作,明确目标、内容和实施路径;"研究—实践—评估—反思—再实践"机制,及时分析、调整和解决家庭教育工作推进中存在的问题;"学期工作总结反馈"机制,每学期学校利用家长会或微信公众号等形式,向家长汇报学校家庭教育工作开展情况。学校加强对教师家庭教育指导能力的培养,将家庭教育指导师和导师的家庭教育指导水平与绩效考核挂钩,制定各类评优考核机制,如《上海市古美学校全员导师制工作实施方案》《上海市古美学校家庭教育优秀指导师评价考核机制》等,发挥绩效奖励的激励作用,提升教师在家庭教育指导领域的工作热情和能力。

3. 学习评估机制

在学段衔接期家庭教育指导课程开发与实践中,学习评价机制是确保课程效果和提升家长学习动力的重要手段。一是制定明确的评价标准,以便家长清楚了解评价的要求;二是引入多元评价主体,包括学生、家长、教师等,确保评价的准确性和公正性;三是采用多样化的评价方式,如自我评价、互评、作品展示等;四是设立激励机制,评选优秀学员,颁发证书与奖品,同时将优秀学员学习习得感想通过学校微信公众号进行发布,激发他们的学习动力和积极性。

家长学习与激励措施举例:(1)对定时定内容的课程,依托各年级、各班家委会,通过家长签到、接龙等方式,进行学习管理。

(2)对线上课程,采用学分制管理。每学年必修课的学习须达到 20 个学分,选修课达到 5 个学分,合计达到 25 个学分为合格,四年须达到 100 分,100 分的家长由学校颁发合格家长毕业证,争做一百分家长是对学校家长的基本要求。(3)每学年除了评选合格家长,我们也将择优评选 20% 的家长进入"优秀家长"系列,在"优秀父母"系列中,我们也将对给予学校大力支持,贡献智慧的家长进行"智慧家长"(每个年级 5 名)的评选与表彰。

二、行动一致

(一)确定开发思路与框架

本点以学段衔接课程开发为例(特别说明:学段衔接家长课程家长只是古美学校家长教育与指导课程的基干课程,学校家长教育与指导一体化课程体系见本节第三点"智慧美"家长成长课堂)。

1. 确立课程总目标

基于调研结果,学校制定学段衔接期家庭教育指导课程的总目标:在"汇智·融慧·和美"的家庭教育指导核心理念下,学校优化学段衔接期家庭教育指导课程的实施路径,培育"四有"智慧型家长,即有知识、有方法、有行动、有修养的优秀家长;培养"健康、快乐、聪慧、自信"的古美学子;建设具有和谐亲子关系和良好家风家貌的"慧美家庭"。

2. 确立课程分目标

为实现学段衔接期家庭教育指导课程总目标,围绕"家教知识、育儿方法、亲子行动、父母修养"四个模块,聚焦幼升小、小升初衔接期,各有侧重,细化课程目标,具体如下:

（1）幼小衔接阶段

认知:幼小衔接是孩子成长的转折点,遵循成长规律,加强心理建设是帮助孩子渡过幼小衔接适应期的关键。

行为:在幼升小关键时期给予孩子有效的帮助和指导,帮助孩子平稳过渡。

情感:激发家长在幼升小阶段自主探索教育的方式的热情。

（2）小初衔接阶段

认知:小初衔接是学生成长的转折点,遵循学生身心发展规律,加强亲子沟通与提高沟通成效是帮助学生平稳度过小初衔接适应期的关键。

行为:在小升初的关键时段,学会利用认真倾听和有效的陪伴,帮助学生平稳过渡。

情感:激发家长在小升初阶段自主探索亲子沟通方式的热情。

（3）初高衔接阶段

认知:初高衔接是中学生成长的转折点,生涯教育对学生认识自己、思考未来以及践行生涯规划起着重要作用。遵循学生的个体特征、增强对学生的支持以及给予合理性建议是帮助中学生度过初升高生涯教育的关键。

行为:在初升高关键时段给予孩子有效的帮助和指导,帮助孩子平稳过渡。

情感:激发家长在初升高阶段帮助孩子进行生涯教育的热情。

3. 确定(学段衔接期)课程内容框架

依据不同学生在学段衔接期的发展特点和多元家教需求,学校架构"有知识、有方法、有行动、有修养"的"四有"目标框架,构建

"四大模块十二主题"的学段衔接期家庭教育指导课程内容框架。

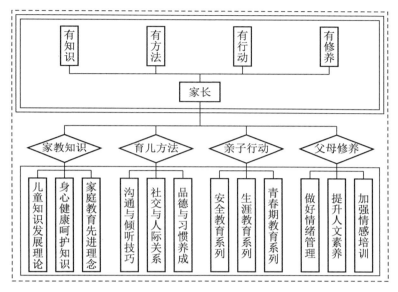

图6-4 古美学校学段衔接期家长教育课程体系框架

（二）课程设计与制作

第一步,问题梳理,明确导向。以问题为导向的课程理念,通过问卷调查、行为观察和个案追踪,从家长、教师两方面进行家庭教育问题汇总和分析,明确课程的主要内容体系。

第二步,课程研讨,科学部署。课程组通过文献研究,收集、吸纳、借鉴学生初中阶段成长特点的理论学习,在多次的研讨后,确立了家长成长课堂体系的框架建设和主要内容。再通过和家长代表、教师代表的研讨,确定课程要解决的主要内容。学校还邀请了闵行区的相关领导和专家,对我校家长学校课程的体系进行研讨论证,进一步提升其科学性、针对性。

第三步,课程课件制作。学校借助相关技术公司平台,搭建课程框架。结合课程各个主题,收集已有内容;针对家庭教育中一些尚未有具体课程的问题,邀请学校中的骨干教师、教研组组长等优秀教师,和家长中的富有教育智慧和经验的代表,整理资料,拍摄视频,逐步充实内容。

（三）一体化课程内容设置

自 2019 年 9 月开始至 2024 年 12 月,疫情期间的微课程与云端指导,古美学校通过《小初衔接中提升学生成长适应性的家长指导课程优化研究》《"双减"背景下家校协同育人中发挥家长主体性的行动研究》《小初衔接中提升学生成长适应性的家长指导课程优化研究》等三大课题核心的一系列家庭教育研究和实践,在整理、综合和优化上述研究成果后,形成了名为"'智慧美'家长成长课堂"的校本课程体系,初步实现了学校家长教育与指导课程一体化的目标。

特别说明的是,在 2020 至 2022 年疫情期间,学校为居家家长和学生开发了特别课程——微课程与云端指导。这些课程也是'智慧美'家长成长课堂"的重要源头、基础和组成部分,而且具备鲜明的特点:线上课程。

下面就'智慧美'家长成长课堂"体系课程、微课程与云端指导做简要说明。

1. "智慧美"家长成长课堂

"智慧美"家长成长课堂,分通识课程、专题课堂和个性化课程。三类课程中均又分必修课和选修课。

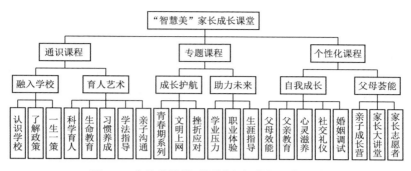

图 6-5 古美学校"智慧美"家长成长课堂图谱

基础必修课

（1）融入学校课程。唤起家长的角色定位和自我成长的意识，引起家长对家庭教育学习的重视，树立家长陪伴孩子共同成长的观念。包括"认识学校""了解政策"和"一生一策"三个板块。"认识学校"板块包括对学校教育理念的介绍；"了解政策"包括如解读中考的新政策的解读和关于核心素养知识的普及等；"一生一策"板块主要是班主任们教育学生的育人微技术。每个孩子都是不一样的个体，在这个孩子身上成功的方法不一定能拷贝到其他孩子身上。我校提倡针对不同学生采取"一生一策"，教师在掌握育人基本规律的同时，针对每个孩子的特殊情况，采取针对性的策略，真正走进学生内心，唤醒成长内生动力。

（2）育人艺术课程。主要普及家长应知的共性知识，包括：科学育人、生命教育、心理健康、生命教育、习惯养成、学法指导、亲子沟通、青春期教育板块。学校根据家长的需求，围绕调研中学生的常见问题和家长最关注的问题，制定以问题解决为导向的家长学校课程。

【例1】科学育人。 从大脑科学的角度帮助家长了解青春期孩子行为和情绪特点及其生理成因；从发展心理学研究的角度，为家长介绍青春期孩子心理发展的规律和特点，帮助家长了解青春期孩子行为背后的心理动因，增加对孩子的理解与接纳，缓解家长焦虑，为后续亲子教育课程的深入奠定认知基础。

【例2】习惯养成。 针对各年级调研的问题清单开设的微课。具体为：(1)如何改善学生课堂上没有记笔记的习惯？(2)如何改善学生在校的行为规范，如课间奔跑、大声喧哗？(3)如何改变学生一回到家就玩手机、看闲书，很晚动笔做作业的问题？(4)如何解决学生不愿参与体育锻炼的问题？(5)如何制定假期计划使宅家假期更精彩？

拓展选修课

(1)自我成长课程。以家长自身成长为目标的学习课程。家庭教育最关键最重要的方法与路径，就是父母与孩子一起成长。"没有父母的成长，永远也不会有孩子的成长""父母是孩子成长的楷模""父母与孩子一起成长，孩子才能更好地成长"，这些思想给我们很大启发，学校有责任引导家长自身的成长，因此我们开发家长自我成长课程。主题如父母效能、父亲教育、心灵滋养、社交礼仪、婚姻调试等。

【例3】P.E.T.父母效能课程。 贴合各年龄段孩子生理、心理特点，解决各类家庭教育难题。父母效能训练(parent effectiveness training)，让父母有能力营造双向尊重的家庭氛围，使孩子成为健康、富有活力和创造力的全面发展的人。主要学习内容：如何听，孩子才会说；如何说，孩子才会听。

倾听孩子	表达自己	解决冲突	传递价值
01 父母需要接受训练 02 如何说,孩子才会听 03 穿上孩子的鞋,读懂孩子的心 04 儿童的读心术	01 你不懂得如何表达自己 02 一个眼神就让孩子愿意开口 03 表扬的危害 04 预先告知的重要性	01 孩子该管还是该惯 02 管不了,惯不得,那该怎么办 03 6 步骤,孩子变身"贴心宝贝"	01 好家风怎么传承 02 这样做,好品质自然有 03 5 个办法打造成长型思维 04 成长自己是给孩子最好的礼物

图 6-6　父母效能提升行动框架

（2）家长荟能课程。包括科技、艺术、体育等的指导团,父母大讲堂和家长志愿者三个板块构成,主要由家长志愿者进行授课。我校根据学生家长的职业、特长,组织家长代表走进班级、年级、校级的讲堂,作为志愿者为学生开设公益讲座。内容涉及军事、环境保护、职业生涯、理财、消防安全、生活技能等方面,增加学生知识的广度与深度,提升对学习的兴趣与积极性。

2. 疫情期微课程与云端指导

微课程

针对疫情下亲子关系紧张的现象,学校与家委会共同策划,开展了丰富多彩的居家亲子活动。形式多样、富有情趣的亲子活动既能舒缓孩子居家学习的不安情绪,又能丰富他们的居家生活,营造和谐的家庭教育氛围。

（1）"怡"起阅读。线上学习之余,家长陪伴孩子一起阅读,满满正能量的读本,既能舒缓孩子居家学习的不安情绪,又能丰富精神世界。

（2）"疫"起劳动。居家学习期间,家长与学生一起进行家务劳动,培养学生学会一些力所能及的家务劳动,增强他们的责任担当意识,并帮助孩子从劳动体验中锻炼生活能力,感受劳动创造美好生活的真谛。

(3)"艺"起生活。家长们结合孩子的兴趣特长,安排了多姿多彩的家庭娱乐生活。如陪伴孩子做运动、练习书法、弹钢琴、艺术创作等等。在丰富居家生活的同时,提升孩子的艺术修养和审美情趣,促进孩子身心健康,全面发展。

(4)"益"起守护。学校有很多家长是抗疫一线人员,这些逆行者成了学生们心中的英雄。他们言传身教,告诉孩子们奉献的价值。我校积极行动,精准把握,跟进关怀,开展一系列关爱防疫一线工作人员子女的特别"云"行动。关爱活动在解除抗疫一线的后顾之忧的同时,也给学生上了生动难忘的一课。父母是学生最好的榜样,学校的积极行动和宣传,更让学生从中获得了成长的力量。

云端指导

秉承"人人做导师,人人有导师"的理念,在线教学与指导期间,学校倡导每位导师与学生建立良好的情感联系,实施导师线上关爱行动,开展"1+X"全员导师制家校沟通模式,就是建一个"1+X"导育群,"1"是指导师,"X"指受导学生数。导师重点关注学生居家行为习惯的培养,悉心指导学生制定居家作息时间表和线上学习公约,促进学生养成良好的行为习惯。同时,导师定期开展云端家校沟通会,针对学生居家行为习惯的养成提供个性化家庭教育指导服务。结合学生实际,导师也创造性地开展彩虹特色导育活动,如"我与导师相约读书""云游红色场馆""每日运动打卡"等。一次次"云"端相约,为导师与家长搭建起沟通、交流的平台,家校合作,共育未来,让导师和家长并肩前行,成为孩子最温暖的守护者。同时,学校特别关注父母坚持奋战在抗疫一线的孩子,积极行动,精准把握,跟进关怀,校领导、班主任、导师和心理教师组成特别关爱小组,开展"古美少年说"和"抗疫一线家长在行动"等专题活动,积极弘扬抗疫精神,使学生从中汲取成长的力量。

(四)课程实施——教师培训

课程开发好,首要的是针对教师开展专业的教学和科研培训。学校与上海市家长学校、闵行区德育研究中心、闵行区家庭教育指导中心达成合作,通过定期开展专题研讨、经验交流和课堂观摩等研修活动,不断提升核心团队的家庭教育指导水平。

上海市古美学校家庭教育指导教师核心团队教研活动列表

(2021—2022 学年)

活动时间	研修活动内容	参与对象
2021 年 10 月	家庭教育基础理论与前沿问题	学校家庭教育指导教师核心团队
2022 年 2 月	家庭内部关系与环境	学校家庭教育指导教师核心团队
2022 年 5 月	家庭教育指导师的基本能力与综合素养(1)	学校家庭教育指导教师核心团队
2022 年 9 月	家庭教育指导师的基本能力与综合素养(2)	学校家庭教育指导教师核心团队
2023 年 4 月	家庭教育指导个案解析(1)	学校家庭教育指导教师核心团队
2023 年 6 月	家庭教育指导个案解析(2)	学校家庭教育指导教师核心团队

除了交流与培训,其他教研部分参见本第 8 章"教师专业化发展一体化"。

(五)课程实施——家长教育与指导

现有家庭教育指导的视野不够宽广,缺乏系统深入的研究。多数家庭教育指导以经验之谈为主、以碎片化知识为主、以宣讲方式为主,针对性差,缺乏专业性。为实现学校家庭教育指导的目标,古美学校围绕"家教知识、育儿方法、亲子行动、父母修养"四大板块核心内容,依托"家长读书沙龙""家庭教育工作坊""亲子成长营""优秀家长讲师团"等载体,形成"读享结合、智慧共探、内外双驱、感召渲染"四条可操作的实施路径,旨在帮助家长和孩子共同学习、成长,以提升家庭教育实效。

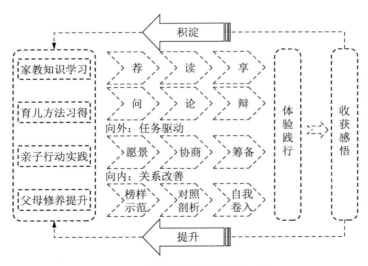

图 6-7　家长教育与指导实施路径

家长学校的教学对象是成年的家长,他们有自己的工作,学习时间受到很大的限制,创建更为便利的学习条件,成为我们的首要问题。

1. 线下家长教育与指导

既包括我们传统的全班、全年级式的家长会,包括针对特定需求的学生家长会(类似分层分类小众家长会),也包括针对六年级新生家长的家长学校开班仪式(为了便利安排在暑期)等团体教学和指导形式。

近几年学校逐步形成了学生未进班,家长先开班的特色。每年暑假,利用新一届六年级学生完成报到期间,召开六年级家长学校开班仪式。在开班仪式上,一是校长必须亲自就学校办学思路、办学理念和办学特色等主题与家长互动。二是主题讲座,专家、教学骨干或优秀家长向家长传授经验和方法。三是指导方式创新。例如,2020 年 7 月 21 日的六年级家长学校开班仪式暨新生家长会上,学校就承办了上海市家长学校的小升初专题讲座《好习惯,新起点》,全体新生家长现场参与,阿基米德、上海热线等平台全国同步图文直播。

线下家长教育培训还包括了家长读书沙龙活动。家长们聚集在一起,共同阅读各类教育相关的书籍,或是一些有助于提升自身素养和家庭教养知识的读物。他们分享读书心得,交流在阅读过程中的感悟与思考,互相借鉴彼此的见解和经验。这种互动不仅增进了家长之间的情感联系,更让他们在教育理念和方法上得到更多的启发。

学校加强家校社联动,拓展教育资源。一方面,学校与社区合作,利用社区内的文化设施、人力资源等,为家长和学生提供更多元化的教育服务,如邀请社区内的专家学者为家长举办讲座,组织学生参加社区的文化实践活动等。另一方面,学校也鼓励家长发挥自身的资源优势,将更多的社会资源引入到学校教育中来,比如家长中的专业人士可以为学校提供职业体验课程,家长们还可以推荐优秀的社会教育机构与学校开展合作项目等。通过这种家校社联动的方式,学校不断拓展教育资源,为孩子的成长和发展创造更加有利的条件。

2. 线上家长教育与指导活动

学校积极利用社会资源,向家长推送学习上海市家长学校系列讲座等优秀课程。自 2020 年起,学校应用公众号、微信、钉钉等互联网技术和工具,通过家委会积极组织各班家长参与上海市家长学习课程 30 多节。在学习过程中,家委会发挥组织作用,纷纷在群里提醒、指导大家进入直播课程,带头进行上海家长学校在线课程学习,参与话题互动,呈现一片家校共融、亲师共学的场面,被上海教育等十几家媒体报道。

学校还积极开发线上校本课程,针对家长关心的学科习惯和要求,组织教研组长进行讲解和分析,并邀请育儿有方的家长录制微课,加强同伴互助,分享他们的教育经验,给其他的家长带来很好的榜样作用,达成育人共识。

古美学校还特别注重家长教育与指导的内容更新、理念更新和方法更新,定期邀请专家学者进行专题讲座和培训。

(六)技术赋能

学校有信息化整体规划,积极参与区域的电子书包、云录播、智慧纸笔项目建设,利用希沃白板,交互式课件开展信息技术与学科教学的实践探索,激活课堂,推进家庭教育与指导改革。学校通过应用电子白板、闵智作业、智慧笔等项目,加深对家长教育与指导的学情精准把握,提升课堂教学和指导成效。

(七)课程实施评估

针对家长教育培训开展一年多来的情况,我校面向四个年级的1483名家长进行了问卷调查。大致结果如下:

1. 对家长的家庭教育能力和亲子关系产生了积极效果

(1)家长普遍认同家庭教育理念,并认识到家庭教育课程的重要性。家长认为学习的重要性的比例大幅上升,增长率为33%。

(2)家长构建和谐家庭、和谐的亲子关系的能力不断提升。家长认为没有能力进行亲子教育的比例几乎降至0,而能力有点强的比例上升至77.8%。

(3)家长学习意愿强烈,对学校开展活动满意度高。当家长被问及"学习家庭教育课程的意愿"时,48.69%的家长选择了"非常愿意"、38.91%的家长选择了"比较愿意"。

2. 课程实施还对教师家庭教育指导产生了积极变化

(1)教师对家庭教育指导的认识和态度现在改善。从本次调研来看,在教师开展家庭教育指导工作的重要性上,得到教师们普遍认可,68.93%的教师认为非常重要,27.18%的教师认为比较重要。

(2)教师开展家庭教育指导的能力和效果得到提升。当被问及"您认为自己指导家长教育孩子的能力如何"时,49.51%的教师选择了"有点强",1.94%的教师选择了"非常强",两项合并超过51%。

3. 学生适应性整体明显上升

推动家庭教育指导课程以来,学生学习适应良好和优秀水平的人数,从 2021 级新生的 18.96%,到 2024 级的 28.34%,适应性较差或差的学生由 2021 级新生的 19.61% 降到了 2024 级的 10.16%,表明家庭教育指导课程对学生小初衔接成长适应性的有效作用。学生愿意与家长主动沟通的比例增长了 31%。

三、资源支持与共享

(一)借助外部技术公司与平台

结合课程各个主题,收集已有内容;针对家庭教育中一些尚未有具体课程的问题,邀请学校中的骨干教师、教研组组长等优秀教师,和家长中的富有教育智慧和经验的代表,整理资料,拍摄视频,逐步充实内容。课程学习以线下面授、线上课程学习和家长读书沙龙等形式开展。学校定期组织家长进行线上线下的主题学习,开放线上课程供家长不定期随时学习。对于定期学习,由家委会组织,进行学习心得的分享交流。对于一些家长的共性问题,依托社区,以家长读书沙龙的形式进行主题的讨论交流。

(二)引入上海市家长学校系列优质课程

如 2020 年疫情期间,学校家委会积极组织家长共同在线学习,课程 30 节,学时超过 60 小时。在组织过程中,各小组负责人不仅带头学习,并纷纷在学习群里发布公告,策划话题,发起互动,营造浓烈学习氛围,收到了良好的学习效果。当时的家长共学盛况被十几家媒体报道。

(三)整合街道和社区资源

利用社区资源和影响力,学校与古美街道形成紧密合作,举办系列家庭教育活动。针对 2021 年闵行区"家育手拉手"寒假主题活动的相关要求,2020 年我校与古美社区、古美社校指定合作的闵行区终身教育社会学习点大众书局·古美店,进行了家、校、社三方讨论,基于家庭教育中相关问题进行思考与探讨,开展破解育儿难题的主题读书活动,迄今已经开展近四十余期。

表 6-2 我校与大众书局合力开展家庭教育读书沙龙活动一览表

日期	读书交流会主题	次数
2020.12.16—2021.6.30	《三分天赋七分教育》	21 次
2021.6.2	《什么是高质量的陪伴》	1 次
2021.5.26	《如何运动"游戏力"育儿》	1 次
2020.12.30	《论语》中的家庭教育智慧	1 次
2020.11.11—2020.12.9	《培养孩子的社会情商》	5 次
2020.11.04	《每个妈妈都是创意家》	1 次
2020.10.14—2020.10.28	《让孩子成才的秘密》	3 次
2021.9.1—2021.9.30	《培养孩子的社会情商》	5 次

(四)与兄弟学校合作

定期组织校际研讨会、主题论坛等活动,分享学段衔接期家庭教育指导课程建设的成功案例和经验,探讨热点和难点问题,以推动家庭教育指导工作的不断进步。

(五)外聘专家及其他

学校邀请教育界有专业特长的人员经常来学校给家长、老师开设各种专题讲座,讲授育人理念与传授育人方法。另外,学校还与日本等国家的一些学校开展校际交流,开拓学校和家长的国际视野。如上海市古美学校和日本三浦等学校小学师生相聚云端,进行线上友好交流,该校师生、家长代表就家校共育活动进行经验分享和活动展示。

表6-3　古美学校家庭教育指导专家讲座(部分)

姓名	职务	课程主题
姚爱芳	上海市终身教育研究会家庭教育专业委员会主任	讲座主题:《陪伴孩子　共同成长》《你真的懂你的孩子吗?》《好习惯,伴随一生》《今天怎样做家长》《疫情给家庭教育带来的机遇与挑战》《亲子沟通与关系构建》
刘晔萍	上海交通大学副教授	讲座主题:《如何激发孩子的内在学习动力》
陈　默	儿童青少年心理健康专家	讲座主题《中考　你准备好了吗》
贺岭峰	心理学博士　博士生导师	讲座主题:《好习惯　新起点》
王　枫	上海教科院普教所学生发展中心副主任	讲座主题:《家庭教育"心智慧"》
应一也	上海开放大学非学历教育部家庭教育项目主管,在读博士	讲座主题:《二宝家庭养育实践与反思》《科学育儿,从"家"开始》《如何给孩子选择托育机构》《智慧妈妈,从我做起!》
孙传远	上海开放大学副教授	讲座主题:《幼小衔接　早做准备》《三岁看老,幼儿习惯养成训练》《做合格父母,从学习开始》
傅　蕾	华师大教育学博士	《带领孩子在阅读和游戏中成长》《亲子阅读面面观》
陈　珊	上海体育学院副教授、博士	讲座主题:《新媒体时代家庭教育的创新与改变》《是手机在闯祸吗?》《情商比智商更重要》《网课对家长的挑战》
贾永春	闵行区教育学院副院长	《全员导师制背景下的师生关系》

资源支持与共享小结:以宏观视角审视,古美学校是通过结成五个联盟来实现家长教育与指导课程一体化的。家校联盟——通过定期举办家长会、进行家访、组织亲子活动等,增进家校的理解与信任,共同为学生平稳过渡衔接期提供有力支持。指导联盟——通过兄弟学校之间的合作与交流,共同提升家庭教育指导水平。实践联盟——充分利用市级的公共资源,与共建单位合作开展实践活动。研究联盟——与国内知名研究机构合作,共同开展学段衔接期家庭教育课题研究。发展联盟——与国际社会团体建立联系,实现国际共生。

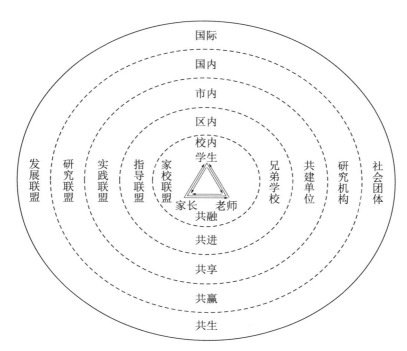

图6-8 家长教育与指导"五环融合"结构

第7章 家长教育与指导一体化：
提高家长参与度与自主性

家长在参与学校教育的过程中逐渐开始扮演参与者、支持者、评价者、监督者等多种角色，家长参与是学校家庭教育指导一体化过程中不可或缺的环节（郁芳琴，2021）①。在学校家庭教育指导中，提高家长的参与度和主体性是确保教育效果持续并深入发展的关键因素。家长的参与不仅有助于孩子在学校的学业表现，还能促进孩子的情感、心理、社交等方面的发展。学校的责任是通过不同的方式增强家长的自主性、参与感和责任感，从而建立起家校之间的有效合作。

7.1 家长参与的理论基础与实践意义

7.1.1 家长参与的理念变迁与重要性

家长参与的概念最早发轫于美国，并可以追溯到 20 世纪初。

---

① 郁琴芳.谁影响了家校合作实效——学校视角下对三大主体的思考［J］.新教师，2021(02)：5—7.

其最初的内涵主要集中在家庭场景下,家庭成员尤其是父母对儿童教育。在 20 世纪 60 至 70 年代,随着学校主导儿童教育和家庭教育理念的逐渐变化,家长的角色从传统的家庭照顾者转变为学校的教育合作者。美国学者 Gordon 提出了家长参与的 5 个层面:观众、子女导师、志愿者、专业人员和教育参与者(吴重涵,王梅雾,张俊,2013)①。但此时,学校顺应家长参与的焦点,家庭教育指导主要集中在孩子的学业成绩上。

随着学校教育现代化和教育理念的深化发展,家长参与的内涵逐渐丰富,不再局限于学业成绩的支持。20 世纪 70 年代至 80年代,赖以教育实证研究的支持,美国将家长参与教育的权利正式纳入联邦教育法规。之后,家长成为学校决策的重要成员,家长委员会、家长教师协会等家校合作组织大量兴起,"学校—家庭—社会伙伴关系"(中国称之为"家校合作")这一概念及其实践得到系统的全面的发展。主张家校社伙伴关系者,认为家庭和学校应该形成互补关系,共同支持孩子的全面发展。家长参与不仅仅是教育孩子的学业问题,更包括情感、社会适应、心理健康等各个方面的支持。美国教育家爱普斯坦教授提出了著名的 6 种家长参与类型,并建立了国家—州—学区—学校的四级推广组织(吴重涵,王梅雾,张俊,2013)②。同样,学校对家长的指导,也从注重孩子学业

---

① 吴重涵,王梅雾,张俊.家校合作:理论、经验与行动[M].江西教育出版社,2013:序言第 3 页.
② 吴重涵,王梅雾,张俊.家校合作:理论、经验与行动[M].江西教育出版社,2013,第27 页.

转向学业、情感、心理等多方面发展。

进入 21 世纪后,家长参与的研究与实践更加注重教育的多元化和全方位发展。教育学者们开始关注如何通过家校合作促进学生的情感支持、个性发展和社会责任感的培养。家长的角色逐渐从教育的辅助者转变为积极的合作伙伴,学校家庭教育指导模式也呈现出更加多样化的形式,如开始关注家庭与家庭的区别,家长参与的个体需要,家长与家长之间的交流,促进家长参与的主体性和自觉性等等。

大量的实践和研究表明,家长参与能有效提高学生的成绩(数学、阅读、科学等),提高学生的出勤率,减少青少年的不良行为,改善家长与孩子的关系,提高家长对学校支持度,改善家庭与学校的关系,促进学校改进和发展(爱普斯坦著,2012)①。

我国的家长参与和家校合作研究和实践起步较晚,在地域和时间上,家长参与程度并不均衡,有的地方依然以关注学业为主;有的地方虽然向情感、心理等多方位发展,但只流于集体活动和形式;有的地方则开始尝试家长参与的个性化需求,吸引家长参与科研和促进家长参与的主体性和自觉性。

7.1.2 爱普斯坦的家长参与类型理论解析

在实践过程中,家长参与学校家庭教育指导活动多是经验性的、既零碎又繁杂,学校需要从零散经验中进行系统的总结,需要

---

① 乔伊丝·L.爱普斯坦等著.吴重涵,薛慧娟译.学校、家庭和社区合作伙伴行为手册(第三版)[M].江西教育出版社,2012.12,第 35 至 45 页。

构建一套可有效指导实践的行动框架。不少学者对家长参与活动进行了归类归纳和系统总结。美国教育家爱普斯坦教授在他的经典力作《学校家庭和社区合作伙伴:行动手册》(Epstein,J. L.,2018)①中就 6 种家长参与实践类型做了详细介绍。以下是对这 6 种参与类型的简单解释:

一、父母的基础支持(Parenting)

目标:帮助家长创建一个支持孩子学习的家庭环境。

活动举例:提供关于儿童学业、纪律等信息,帮助家长在家中管理孩子的情感和行为,确保孩子生活在一个有利于成长的家庭环境中。

二、沟通(Communicating)

目标:促进学校与家庭之间的有效沟通,确保家长了解孩子的学业和行为表现。

活动举例:定期的家长会议、家校合作手册、学生进度报告、学校网站内容更新等,以帮助家长及时掌握学校的相关信息和孩子的表现。

三、志愿服务(Volunteering)

目标:鼓励家长直接参与学校活动,支持孩子的学习过程。

活动举例:家长在学校内担任志愿者、组织和策划学校亲子活

---

① Epstein,J. L. (2018). School,Family,and Community Partnerships:Your Handbook for Action (5th ed.). Corwin Press;Corwin 出版社发布了爱普斯坦等学者的《学校家庭和社区合作伙伴:行动手册》。该网站提供了该书的详细信息和购买链接 https://us.corwin.com。

动,或者为其他家长做经验交流和授课。

四、学习支持(Learning at Home)

目标:支持家长辅导孩子做家庭作业、帮助孩子学习其他技能。

活动举例:家长帮助孩子制定学习计划、辅导孩子完成作业、提供适当的学习资源和材料、带孩子参加课外研学活动、报名培训班培养孩子兴趣爱好等。

五、参与决策(Decision Making)

目标:家长参与学校的决策过程,为学校政策和活动提供建议等。

活动举例:家长参与家长委员会、家长安全护校团等组织,参与讨论学校政策制订等。

六、与社区合作(Collaborating with the Community)

目标:增强学校、家长和社区之间的合作,共同支持学生的全面发展。

活动举例:学校与社区资源(如图书馆、志愿者组织、地方企业等)合作,提供课外活动、社会服务、职业培训等机会,促进学生的社会和职业技能发展。

上述爱普斯坦提出的家长参与六种基本类型的分类方法在实际应用中也存在一些局限性和缺点。例如,分类过于简化,忽略了多维度的交叉影响。另外,家长参与某些家校合作活动,可能需要专业的知识与技能。这种分析框架能帮助学校理解家长参与的不同形式和功能,为学校开展家庭教育指导活动提供了新视野,值得学习、研究和借鉴。

7.1.3　家庭资本对家庭参与的影响机制

家庭资本是指家庭在教育和社会经济活动中能够动员和利用的资源总和,这些资源包括经济资本、社会资本和文化资本。家庭经济资本是一种以物质形式存在并且可以直接兑换成金钱的资本类型,如家庭的房产、现金存款、不动产资产等(崔依冉等,2019)[①]。家庭文化资本是各个阶层家庭所占有的文化素养资源,如教育学历、家庭所拥有的书籍、词典等文化用品。家庭社会资本指家庭中各成员所拥有的社会地位以及基于人际关系网的潜在社会资源,如父母的职业类型、亲子关系的稳定程度等。

家庭资本的概念最初来源于法国社会学家皮埃尔·布迪厄(1986)[②]在20世纪70年代的研究。布迪厄首次提出了资本的多元性,将其分为经济资本、文化资本和社会资本三种形式,并强调这些资本形式在社会阶层和教育成就中的作用。布迪厄的理论强调,不同形式的资本可以转换,家庭通过教育传递文化资本,从而影响子女的社会地位和教育成就。

自布迪厄提出家庭资本概念以来,多位学者对其进行了进一步的阐述和扩展。詹姆斯·科尔曼(James Coleman,1988)在教育社会学领域对社会资本进行了深入研究,认为家庭和社区的社会

---

① 崔依冉,梁贯成,张丹慧.父母早期教育参与对子女未来学业成绩的影——基于TMSS2015香港数学与科学数据[J].学前教育研究,2019年第4期.

② Bourdieu, P. (1986). The forms of capital. In J. G. Richardson (Ed.), Handbook of Theory and Research for the Sociology of Education (pp.241—258). Greenwood.

资本对孩子的学习成绩和行为有重要影响①。詹姆斯·科尔曼在他的力作《科尔曼报告》②中提出在影响学生学业成就的多种不同因素中，家庭因素比学校因素更为重要，家庭教育也成为学生成长过程中不可忽视的重要因素。另外，安妮特·拉莱尔·卢因（Annette Lareau，2003）③在其作品《不平等的童年》中探讨了家庭的文化资本如何影响孩子的教育经历和成就，揭示了不同社会阶层家庭在教育资源获取和利用上的差异。

家庭资本对孩子的教育成就有深远的影响。研究显示，高家庭资本的学生在学业上往往表现更好，更容易获得更高的教育程度和更好的职业机会。经济资本直接影响家庭能够提供的教育资源和条件，如优质的学习环境、补习课程等。社会资本通过家庭和社会关系网的支持，为孩子提供更多的学习机会和资源。文化资本，如家庭的教育背景和对教育的重视，能够增强孩子的学习动力和教育期望（李春玲，2001④；蒋国河，闫广

---

① Coleman，J. S. (1988). Social capital in the creation of human capital. American Journal of Sociology，94，S95—S120.

② 科尔曼报告，全名为《美国教育中的平等机会》（"Equality of Educational Opportunity"），由美国社会学家詹姆斯·科尔曼（James S. Coleman）及其同事在1966年为美国教育部撰写的一份报告，是美国教育史上最重要的研究之一。报告的核心发现之一是，学校资源（如师资、设施等）对学生学习成绩的影响小于家庭背景和同伴（peer groups）的影响。报告指出，学生的家庭环境、社会经济地位和种族背景对其学术成就有重大影响。此外，报告还发现，种族隔离的学校环境对黑人学生和少数族裔学生的教育成果有负面影响。科尔曼报告不仅在美国产生了深远影响，也对全球的教育研究和政策制定产生了重要影响。其对家庭背景和社会资本在教育成就中作用的强调，激发了对教育公平和提高所有学生学习机会的持续关注和努力。

③ Lareau，A. (2003). Unequal Childhoods：Class，Race，and Family Life. University of California Press.

④ 李春玲.社会政治变迁与教育机会不平等——家庭背景及制度因素对教育获得的影响(1940—2001)[J].中国社会科学，2003(03)：86—98＋207.

芬 2006①)。研究还发现,家庭社会经济地位和父母的学业投入都与孩子的数学成绩呈正相关,并且父母的学术参与介导了家庭社会经济地位与孩子的数学成就之间的关系(Zhang. F,2020②)。

家庭资本理论是一个用来理解家庭背景如何影响个体成长和发展的社会学框架。家庭资本在中国自古到今天都存在并起作用的事实早已有之,一些知名家族之所以人才辈出,就可以从家庭资本的角度获得很好地解释,如山东的"孔氏家族",湖南的曾国藩家族,浙江的钱氏家族,香港的霍英东家族等。这些家族拥有丰富的文化资本,这体现在他们世代传承的家风家规、学问、礼仪规范以及家族内部严谨的教育体系。这些家族与其他社会精英有着紧密的联系,这种联系为家族成员提供了更多的发展机会和资源。此外,这些家族还注重经济资本的积累,他们通过经营产业、收取俸禄等多种方式,为家族成员提供了良好的物质生活条件,使得他们能够更加专注于学术和文化的研究。

有大量的研究表明,家庭资本影响家长参与家校合作活动的频次和积极性,一般来说家庭经济背景中等偏上的家长、办学质量较高的学校的家长更愿意参与家校合作活动(张俊,2023)③。也有研究发现,学校的课程设计、教师专业能力、教育与指导的方式均

---

① 蒋国河,同广芬.城乡家庭资本与子女的学业成就[J].教育科学,2006,22(04):26—30.

② Zhang F, Jiang Y, Ming H, et al. Family socio-economic status and children's academic achievement: The different roles of parental academic involvement and subjective social mobility[J].British Journal of Educational Psychology, 2020, 90(03):561—579.

③ 张俊,吴重涵,刘莎莎.家校合作调查:变量结构与数据报告[M].社会科学文献出版社,2023,第332—471页.

可能影响家长参与家校合作活动的积极性和主体性（王静，2022）①。

在开展家庭教育指导及研究时，应注意家庭背景对家长参与度的影响。

7.2 家长主体性的内涵与现状分析

7.2.1 家长参与主体性含义与表现

家长自主性指的是家长在参与孩子教育过程中所展现的独立性、主动性和决策权。

家长自主性首先表现为家长在教育决策中的独立性，家长不仅仅是学校规定和老师指导的被动接受者，而且是教育过程中积极的决策者。其次，家长自主性还表现在家校合作中家长的主动参与，家长不仅依赖学校提供的教育方式或方向，更应是积极参与到学校教育过程中，提出自己的意见和建议，参与学校活动和决策，帮助学校改进教学和管理方式。第三，家长自主性还表现在家庭教育与学校教育的自主对接中。家长能够根据需要，与其他家长和教师进行平等交流，调整参与方式，以便与学校的教育内容和方法相结合。第四，家长自主性还包括家长自我教育和反思的能力。

---

① 王静等.上海市 2022 年家庭教育重点课题《小初衔接中提升学生成长适应性的家长指导课程优化研究》结题报告.2022.

7.2.2　家长主体性缺失的表现等原因剖析

家长主体性缺失主要表现在以下几个方面：一、家长对家校共育的重要性及其意义价值、自身所扮演的角色、自身所承担的责任和义务认识并不充分；二、家长的参与积极性不高，本应由家长、学校双方共同主导的家庭教育活动，最后演变为学校的自导自演，最后流于形式；三、在参与频次和数量上，往往只有部分家长参加全部的家校共育活动，甚至有少数家长从未参加过家校共育活动；四、参与活动者大多为母亲，父亲在家校共育的活动中参与度很低；五、家长被动在场，是家校活动的配合者和旁观者，被动接受学校的活动安排。

家校共育中，造成家长主体性缺失不是单一因素造成的，而是多种因素综合相互作用的结果。原因可能有以下几个：一、时间冲突，部分活动的开展时间安排在周一至周五的某日上午或下午，这与家长的工作时间产生矛盾与冲突，从而导致合作活动中部分家长的缺席；二、家长参与意识力不足，广大家长缺乏主动参与学校管理的民主意识，缺乏向学校提出意见、建议及进行信息反馈的积极性和主动性；三、有些家长即使有参与学校活动管理和决策的意向，但由于自身知识结构和能力的限制，也很难在合作活动充分发挥作用；四、现有活动未能从家长视角出发，关照家长需求，家校活动应进一步提高内容的实用性、针对性和趣味性。

7.3 提高家长参与及主体性的策略与方法

7.3.1 建立开放沟通渠道的实践策略

定期召开家长会,让家长了解孩子的学习进展、学校政策以及即将开展的活动。同时,进行家访,深入了解家庭环境,与家长面对面交流,建立信任关系。利用现代通信工具方便沟通,如通过微信群、学校 APP、电子邮件等方式,及时向家长传达学校信息,包括日常通知、活动预告、教育理念与案例分享等,保持家校沟通的连续性。

7.3.2 设计参与性活动的创新方法

上海市古美学校对 143 名家长进行了问卷调查,结果发现:62.94％的家长希望通过专家讲座获得家庭教育指导,其次最受欢迎的形式是家长会、电话微信等单独联系以及家长沙龙活动。他们希望能和教师面对面请教或进行电话、微信访谈,能够给予咨询和问答。他们最希望了解如何帮助孩子养成良好的学习习惯(67.83％)和生活习惯(60.84％),也希望获得科学的教养观念和方法(60.14％),保障孩子的身心健康(58.74％)(王静等,2020)[1]。针对家长偏爱的指导方式、指导内容设计专门的活动和课程,有利于增加家长参与度。

---

[1] 王静等.上海市闵行区 2022 年家庭教育重点课题《学段衔接中家庭教育指导课程的开发与实施研究》结题报告,2022.

活动形式尽量多样,内容尽量多彩。组织亲子运动会、读书分享会、手工制作等活动,让家长和孩子共同参与,增进亲子关系,同时让家长更直观地了解孩子的兴趣和特长。设立家长志愿者岗位,如图书管理员、活动助手等,让家长有机会参与到学校的日常运作中来,增强他们的责任感和归属感。

【古美实践】

活动:由上海市古美学校、上海市实验学校西校和上海市闵行区古美路街道妇联共同举办、一心公益发展中心协办的"行走的美术包"公益亲子健步走活动如期举行。600多组家庭纷纷出发,通过5公里健步走的形式,用实际行动影响身边更多的人,汇聚点滴爱心,为远在云南昭通绥江地区的孩子们点亮梦想的希望。家长和孩子共同策划路线、协商方案、筹备物资,整个活动过程高效有序,营造了一个充满爱心和正能量的公益氛围,得到了社会的广泛好评。

效果:"我的妈妈变了,以前她陪伴我的时间很少,还总是担心我在学校的表现。只要和我说话,句句都在挑刺,但凡我作解释,她就说我是青春叛逆期,亲子关系变得异常紧张。现在,在陪我参加一次次的亲子活动后,我们一起进行活动准备,交流活动感悟,排演微队会……渐渐地,妈妈愿意静下心来和我沟通,看到了我更多的闪光点,在我无助时给予鼓励和支持。她说我们一起学习、成长的感觉真好。"这是一位同学在日记中写下的文字,孩子看到家长在参与学校组织的亲子营活动中的变化,家长与孩子共成长。

7.3.3　奖励与展示家长参与价值的途径

通过学校网站、宣传栏、家长会等形式,展示家长参与活动的照片、视频、孩子的学习成果等,让家长看到自己参与带来的积极影响。通过积分制度、兑换礼品等方式,鼓励家长持续参与学校活动,设立"优秀家长"等奖项,对积极参与学校活动的家长进行表彰,激发其他家长的参与热情。

7.3.4 提供多样化参与途径的措施

学校应认识到,不同的家长有不同的时间、能力和意愿参与学校活动,因此提供多样化的参与途径显得尤为重要。学校可以通过灵活的活动安排和多样化的参与方式,鼓励更多家长参与其中。学校可以提供多种形式的家长参与活动,包括家长会、志愿者活动、课外活动支持、文化活动等。通过这种灵活的安排,家长可以根据自己的时间安排和兴趣选择适合的活动进行参与。

7.3.5 增强家长主人翁意识的方法

邀请家长参与学校政策的制定和讨论,让他们对学校的发展有更多的发言权和参与感。定期举办"家长开放日",让家长深入了解学校的运作和教学方式,增强他们对学校的认同感和归属感。鼓励家长提出自己的意见和建议,学校应认真倾听并及时反馈处理结果,让家长感受到自己的参与是有价值的,从而提高他们参与学校活动的自主性和自觉性。

【古美实践】

古美学校充分发挥家长主体性,让更多家长由"客体参与"到"主体自觉",开拓家校共育新路径。学校把每一届学生中育儿有方的家长组织起来,颁发校级家庭教育指导师证书,形成家庭教育讲师团。学校招募一批有专业特长、有主体意愿的家长成为"智慧美"家长学堂的设计者与组织者,在时间和空间上灵活安排,由家长讲师在班级、年级、校级层面开设家长微课堂,营造互学共研的学习氛围。学校吸引一批家长志愿开发课程和组建家长沙龙,主动分享自己的锦囊妙计和教育感悟。

表 7-1　古美学校"智慧美"家长微课程

时间	课程类型	课程主题	课程内容	授课家长
2023 年	语言阅读类	《故事妈妈进课堂》	开展经典绘本阅读活动,培养孩子良好的阅读习惯。	徐意昕家长
	传统文化类	《国宝的故事》	了解博物馆的文物知识,使家长和孩子认识中华文化与历史,增强文化自信。	张宛凝家长
	生命教育类	《宝宝是怎么来的?》	让孩子初步了解自己是从哪里来的,如何长大的,让孩子学会感恩父母。	程子奥家长
	职业启蒙类	《起跑的理想与规划》	认识各种职业,引导孩子进行职业生涯规划。	田婉嘉家长
	体育运动类	《"瑜"悦身心,"伽"倍健康》	通过瑜伽增强身体柔韧性,学习保持良好的身体姿态。	欧优萱家长
	家务劳动类	《美味的甜点》	学习、制作蛋糕烘焙知识,体会劳动的价值和乐趣。	朱芃家长
2024 年	语言阅读类	《日语启蒙》	学习日语基础发音和日常对话,感受跨文化交流的魅力。	毛湘怡家长
	投资理财类	《少儿财商》	学会如何与钱打交道,帮助孩子树立正确的理财观念。	王子沐家长

时间	课程类型	课程主题	课程内容	授课家长
2024 年	艺术摄影类	《会说话的照片》	掌握构图九宫格、光影运用技巧,让照片会说话。	周渝舜家长
	美术手工类	《时空幻境》	学习唐定斯基的创作方式、欣赏作品并学会创作。	刘一辰家长
	体育运动类	《趣味乐跑团》	家长和孩子共同参与晨跑活动,学习跑步技巧、养成健康生活习惯。	余世乾家长
	家务劳动类	《呵护绿色生命》	学习绿植养护知识,感受生命的力量与美好。	章启仁家长

7.3.6　鼓励父亲参与学校活动的策略

古美学校调查发现,参与家校合作活动的多是母亲,父亲参与的不足 20%。父亲在儿童成长过程中和母亲一样,发挥关键作用,有的还是母亲不可替代的。设计一些特别针对父亲的活动,如"父亲运动会""父子/女阅读日"等,这些活动旨在强化父亲在孩子成长中的角色,同时让父亲感受到自己在孩子教育中的重要性。通过这些活动,父亲可以更深入地了解孩子在学校的学习和生活状态,增进亲子关系,同时也为学校活动增添更多元化的参与群体。通过家长会、学校通信等方式,宣传父亲参与孩子教育的重要性,分享父亲参与对孩子性格形成、学业成绩等方面的积极影响。提供父亲参与教育的相关资源和指导,如育儿书籍、在线课程等,帮助父亲提升育儿能力,增强他们参与学校活动的信心和动力。

7.4　古美学校的实践探索

7.4.1　提高家长参与度与自主性的干预准备

本部分内容根据上海市基础教育重点课题《上海古美学校"双减"背景下家校协同育人中发挥家长主体性的行动研究》的结题报告编写。

一、行动起点—调研

通过调研发现,当前家长仍然更加重视学业成绩,他们的指导能力也有待提升。家长们希望学校能够考虑到家长的工作时间和精力,提供更加具有实效性的技巧和方法,系统设置课程,开展专题讲座、读书沙龙、工作坊、团体辅导和个性化沟通指导,学习到关于孩子身心发展规律、如何培养孩子良好的生活习惯、如何保障孩子的身心健康等家庭教育知识。这就要求在开展家庭教育指导工作时,更加关注课程的建设以及有针对性地个性化指导。

教师方面。调研发现,由于学校教师数量有限,并且面临着繁重的课程教学任务,教师指导家长方面心有余而力不足,同时面临着时间和资源的限制,难以为每个家庭提供个性化的家庭教育指导服务。一些教师还可能缺乏专业的家庭教育指导培训,对家庭教育的理论和方法了解不足,难以有效地指导家长。

二、方案制定

干预方案分两部分,一部分为教育培训干预,形式为通过课程设计与实施来激发家长主体性(见方案实施:第一部分)。一部分为举办家校合作常规活动和亲子互动特色活动,通过家校社协同、亲生师交互激发家长主体性(见方案实施:第二部分)。丰富多彩的交互活动与教育培训全过程融合,以达到效果最大化。为了保证干预效果,学校还对教师进行能力与科研培训(见方案实施:第三部分)。项目实施周期2年。

7.4.2 提高家长参与度与主体性的干预过程

家长主体性提升干预分三部分,即家长接受教育与指导,家长参与实践活动,提升教师专业技能进行间接干预。

第一部分:家长接受教育培训与指导

第一轮:以问题为导向,聚焦个性化

问题:(1)课程内容过于理论化,缺乏实操性;(2)开设的课程大多是从学校教育角度出发,导致部分课程无法契合家长的实际需求和期望;(3)缺少个性化指导,家庭教育指导课程多采取"一刀切"的方式,忽视家庭和个体的特殊性。

干预措施:对共性问题分层、个性问题分类,形成提升家长主体性基础课程框架(见表7-2)。强化家庭教育指导的针对性,激发家长的积极性和主动性。帮助家长建立科学的养育观念,系统地学习家庭教育相关知识与经验,解决家庭教育难题和焦虑。

表 7-2 古美学校提升家长主动性基础课程框架

课程类型	课程模块	课程主题	课程名称	参与对象	课时安排
基础性课程	模块一 健康成长	心理健康	做好幼小衔接 走好入学第一步	一年级家长	4
		心理健康	做好小初衔接 走好中学第一步	六年级家长	4
		生命教育	家校携手 共育健康心灵(线上)	全校家长	2
		情绪管理	关注心理健康 共育活力少年	小学部家长	2
		情绪管理	"情"能补拙 做高情商父母	中学部家长	2
		人际交往	亲子有效沟通 学做人际交往达人(线上)	全校家长	2
	模块二 品德修养	爱国启蒙	家校协同 扣好人生第一粒扣子	小学部家长	2
		爱国启蒙	家校共育 赓续红色血脉(线上)	中学部家长	2
		公民素养	家校共携手 文明一起走(线上)	全校家长	2
		家风建设	践行良好家风 做智慧美家长	全校家长	2
		家风建设	家校同心同向 依法共育新人(线上)	全校家长	2
	模块三 学习素养	学习习惯	家校共育 培养倾听习惯	一年级家长	2
		学习兴趣	家校共育 激发学习兴趣	二年级家长	2
		学习效率	家校共育 学会时间管理	三年级家长	2
		学习动机	家校共育 激发学习内驱力	四年级家长	2
		学习习惯	家校共育 提升学习素养	五年级家长	2
		学习习惯	家校携手 培养良好作业习惯	六年级家长	2
		学习习惯	家校携手 改变作业拖拉习惯	七年级家长	2
		学习效率	家校携手 提高作业效率	八年级家长	2
		学习效率	家校携手 提升备考信心	九年级家长	2

课程类型	课程模块	课程主题	课程名称	参与对象	课时安排
基础性课程	模块四 体质健康	保护视力	呵护视力健康 点亮光明未来（线上）	全校家长	2
		科学运动	科学体育锻炼 助力少年健康（线上）	全校家长	2
	模块五 审美情趣	美育启蒙	家庭美育 为孩子播下美的种子（线上）	全校家长	2
	模块六 劳动技能	劳动习惯	从家庭入手 体验劳动最光荣	小学部家长	2
		生涯规划	从家庭入手 让梦想照进现实	中学部家长	2

第二轮:聚焦学段衔接,突破家教难点

基于学校实际和家长需求,学校初步形成"智慧美"家长学堂课程体系,但仍旧没有解决家长在学段衔接期的家庭教育难点。

问题:(1)课程实施相互独立,缺乏整体性与关联性,弱化了对幼小、小初学段家庭教育的有效衔接,本校优质小学生源流失,家长对学校教育教学质量认可度偏低。(2)学生在学段衔接期面临身心发展等多重变化,需要从家庭中获得足够的支持。(3)家长无法完成衔接期身份的顺利转变,自身教育理念与方法未能与孩子的成长同步更新。

干预措施:针对学段衔接期家庭教育中的难点问题,学校设置家教知识、育儿方法、亲子行动、父母修养四大板块课程,开展家庭教育培训和实践活动,完善学段衔接家庭教育指导课程设计框架(如表 7-3)。其中,"家教知识"课程帮助家长学习儿童发展知识和先进的家庭教育理念,使家长了解孩子在学段衔接中的成长变化,掌握科学的育儿知识;"育儿方法"课程引导家长掌握学段衔接中的习惯培养要点,学会培养孩子良好生活习惯和学习习惯的有效方法;"亲子行动"课程结合学校特色课程和校园主题活动,依托"亲子成长营"和"家庭教育工作坊"开展体验式家庭教育实践活动,如"亲子共读一本书""亲子乐跑团"等,让家长和孩子共成长;"父母修养"课程通过开展家长读书学习和沙龙分享,帮助家长掌握做好家庭情绪管理和塑造良好家风的科学策略。

表 7-3　古美学校一、六年级"智慧美"家长学堂课程

课程板块	课程目标	课程对象	课程名称	课程形式	课时
知识学习	关注家长基础认知。帮助家长了解一、六年级学生的认知、行为、心理特点及需求,学习幼小、小初衔接中的家庭教育要点,树立正确的育儿理念。	一年级家长	扣好人生第一粒扣子:幼升小家庭教育指导	讲座	2
		六年级家长	好习惯赢未来:赢在初中小升初家庭教育指导	讲座	2
		一、六年级家长	学习家促法,做智慧家长	讲座	4
方法习得	关注家长方法指导。帮助家长践行科学的家庭教育理念,与学校建立良好的合作关系,助力孩子顺利适应小学和中学生活。	一、六年级家长	家校协同,走好入学第一步	讲座	4
		一年级家长	幼小衔接,从好习惯做起	讲座	4
		六年级家长	小初衔接,好习惯伴我行	讲座	4
自我成长	关注家长精准指导。向家长宣传正确的家庭教育理念和科学育儿知识,发挥优秀家长的示范引领,提升家庭教育意识和能力。	一、六年级家长	为什么家庭会生病?	读书沙龙	4
		一、六年级家长	跟上孩子成长的脚步	集体分享	4
		一、六年级家长	心理学教你做父母	工作坊	4

课程板块	课程目标	课程对象	课程名称	课程形式	课时
实践体验	关注家长个性需求。组织家长参加孩子的教育活动，助力家长对孩子的进一步发现，促进亲子关系，获得同伴交流，减少教育困扰，确保孩子成长家长不缺位。	一、六年级家长	亲子成长营（阅读、运动、劳动、研学）	亲子活动	4
		一年级家长	表现性评价活动		2
		六年级家长	换巾仪式		2

第三轮：整合优质资源，变"参与者"为"策划者"

学校围绕课题研究，推进家庭教育指导课程的设计与实施，充分挖掘家长层面的课程资源，让家长从课程的"参与者"转变为"策划者"。学校积极开展《中华人民共和国家庭教育促进法》普法学习与家庭教育理念宣传工作，让家长了解政策，更新理念，增强主体意识。依托校园主题活动，学校定期进行"慧阅读家庭""慧运动家庭""慧科技家庭""慧劳动家庭""慧才艺家庭"评选活动。学校招募一批有专业特长、有主体意愿的家长成为"智慧美"家长学堂的设计者与组织者，在时间和空间上灵活安排，由家长讲师在班级、年级、校级层面开设家长微课堂（如图7-4），营造互学共研的学习氛围，让每位家长争做"有知识、有方法、有修养、有行动"的"四有"智慧家长。

第四轮：主动分享，从"客体参与"到"主体自觉"

学校创建出一批家长志愿课程，形成了家长沙龙交流机制。更多家长愿意主动分享自己的锦囊妙计和教育感悟，展示积极的家庭教育态度和有效方法，传递可借鉴的家教经验和智慧，为学校

表7-4　"智慧美"家长学堂之家长微课堂

时间	课程类型	课程对象	课程主题	授课家长
2023年	家务劳动类	一、二年级	《整理收纳达人养成记》	莫瑾瑜家长
	职业启蒙类	三、四、五年级	《奇妙制表师》	张楚怡家长
	传统文化类	六、七年级	《翰墨书香》	李锦江家长
	语言阅读类	三、四、五年级	《我与书中人物有个约会》	张欧阳家长
	生命教育类	五、六年级	《青少年社会启蒙》	金恩羽家长
	科学探究类	七、八、九年级	《魔法化学实验室》	宋奇诺家长
2024年	语言阅读类	一、二年级	《诗词吟诵》	李雨馨家长
	体育运动类	四、五年级	《中华武术小传人》	蒋骁舟家长
	投资理财类	三、四、五年级	《少儿财商》	张添翼家长
	美术手工类	四、五年级	《环创新发现》	严一诺家长
	家务劳动类	六、七年级	《家电安全研究所》	张锦育家长
	艺术摄影类	六、七年级	《创意光影绘画》	周昕怡家长
	传统文化类	八、九年级	《非遗文化"活"起来》	张乐嫒家长

家庭教育指导课程的建设积蓄力量。"智慧美"家长学堂的课程建构得到进一步充实完善,学校充分挖掘家长资源,发挥家长主体性,让更多家长由"客体参与"到"主体自觉",开拓家校共育新路径。

当家长被赋予更多的参与权和决策权时,他们会更加积极地投入课程的建设中,分享自己的经验和见解,为课程注入更多的活力和创新。课程的构建不是一成不变而是动态优化的,要依据不同家长的特点,持续完善课程建设。我们欣喜地看到有越来越多的家长主动参与到课程的设计与实施过程中,这不仅有助于提升课程的质量和效果，还能增强家长对课程的认同感和归属感。同时，家长主体性的发挥还能促进家校之间的紧密合作和良好沟通。家长可以更加深入地了解学校的教育理念和教学方法，与学校共同为孩子的成长和发展制定更加科学、合理的教育方案。

第二部分：家长参与家校合作实践活动

本节所说家长参与实践活动是狭义上的，即参与的活动是由学校主导或由学校提供参与条件和资源，而广义的家长参与还包括在自己家庭里指导孩子的互动活动，和围绕孩子健康发展而展开的家长参与社区（社会）互动活动，爱普斯坦的家长参与六种基本类型就是广义上的。

我们将古美学校家长参与实践活动分成三类：参与家校合作组织管理（参与学校管理）类，参与家长教育培训（自我成长）类，亲子体验与情感支持（支持学生）类。

（一）参与家校合作组织管理类

这类活动类似爱普斯坦的家长参与六种基本类型中"参与决策"。例如，上海古美学校成立或完善家长委员会，定期和不定期召开会议，邀请家长就学校政策、课程设置、活动安排等方面提出意见和建议，让家长成为学校管理的积极参与者。另外，聘请有特长且愿意支持学校的家长作为志愿者、兼职者参与家校合作活动的策划和组织。

（二）参与家长教育培训类

为提高自己的育儿知识和技能而参与学校开展的家长教育培训活动，其又分为两类，一是作为受教育者，接受学校提供教育培训与资源;一类是部分家长受邀参与课程开发和科研项目,赋能学生和其他家长。前者如,古美学校研发了以小初适应性为主题的校本家庭教育课程体系,同时整合了上海市家长学校总校家长教育课程和闵行区家庭教育指导中心家庭教育课程资源,以线上和线下课题形式向家长传授育儿知识、经验和技巧。除此之外,还包括古美学校每年都开展的家长报告会、读书沙龙,以及名师工作坊开展的小型专题会和面对面的个性指导。后者如,古美学校为提高家长参与主体性和自觉性,而聘请部分专业特长的家长参与开发,乃至向其他家长教授家长课程。

（三）互动体验和情感支持类

该大类又可分为以下五个小类:

一、校园节庆及其亲子互动活动。如中秋节、教师节、元旦、国庆节,家长可以与教师面对面交流,增进对教育工作的理解和支持,还可以在学校的特殊节日活动中,家长和孩子可以共同参与,通过共同的庆祝和活动加强亲子关系,增进学校和家庭的联系。古美学校会根据具体情况,适时组织家长参与,或与孩子一起开展文艺汇演或者充当观众参与会演等。

二、主题类亲子体验及互动活动。古美学校每年举办校运动会、以"艺术节、体育节、读书节、科技节"四大节日为载体等主题活动,都会邀请家长参与,促进亲子互动,并通过共同完成任务来增长知识和加深亲子之间的感情。

三、特色特殊类亲子互动活动。如自行车活动和"自得园"四季亲子活动(见表7-6)。再如,如古美学校围绕德智体美劳五育发展组织五大亲子营。

1. 亲子阅读营。依托校园读书节活动,学校聚焦学生年段特点,为每个家庭提供亲子阅读年段指导建议,指导父母和孩子积极参与"亲子共读一本书"活动、"书香家庭"评选活动,营造浓厚的书香氛围。通过亲子共读书活动增进亲子关系,实现新生家长和孩子的共同成长。

2. 亲子劳动营。学校以劳动教育为载体,充分发挥家、校双重作用,指导各年级家长帮助孩子养成良好的生活、行为习惯。家长们作为参与者,既观察到了孩子的变化与成长,也感悟到劳动习惯的养成需要家长和孩子的共同坚持,从而帮助家长树立正确的"育儿观",同时形成家校共育劳动习惯的有效机制。

3. 亲子运动营。以学校体育特色课程为基础,学校成立"古美少年乐跑团"和"低碳少年骑行团",聘任热爱运动的新生家长代表作为导师,组织家长、学生共同参与乐跑、骑行活动,让家长从活动的旁观者或指挥者转变为活动的合作者、支持者,实现了家长与孩子共同健康快乐成长的目的。

4. 亲子研学营。学校以学雷锋日、清明节等节日为载体,整合共建单位资源,共同开展了"重走长征路""传承八连精神""践行雷锋精神"系列亲子研学营活动,学生在活动中争做"文化自信传承人""红领巾宣讲员""薪火志愿服务者",为家长树立榜样。

5. 亲子研学营。学校以学雷锋日、清明节等节日为载体,整合共建单位资源,共同开展了"重走长征路""传承八连精神""践行雷锋精神"系列亲子研学营活动,学生在活动中争做"文化自信传承人""红领巾宣讲员""薪火志愿服务者",为家长树立榜样,和孩子共同用实际行动感悟红色精神、体悟道德情感。

6.亲子科创营。作为全国航空特色学校,学校结合校园科技月活动,组织学生和家长共同前往航空科普教育基地和各类科普场馆进行科创体验活动,激发学生的科技探索兴趣,普及航空科技知识,在学生的心里埋下勇于探索未知、敢于创新的种子,让家长和学生共同徜徉于美妙的科技世界,促进和谐亲子关系的形成。

表7-5　古美学校自得园小学低中年段亲子活动

主题	前序活动	主体活动	后续活动
访春季播种梦想之种	立春品习俗春分绘彩蛋	播种梦想　春日学自理——亲子同种春日绿植	植物日记展亲子做春卷
嘻夏季梦想绽放之花	立夏品习俗	绽放梦想　夏日长自理——亲子养护夏日花卉	定格夏荷美
品秋季收获梦想之果	立秋品习俗落叶拓印秀	收获梦想　秋日育自理——亲子同种秋日蔬果	定格秋菊美趣味冬运会
暖冬蕴藏梦想之火	立冬品习俗	蕴藏梦想　冬日养自理——亲子养护冬日植物	定格冬梅美

四、公益活动。师生共同参与公益活动,是非常好的家庭教育方式,全国不少地方将"参与公益活动"作为学校家庭教育考评中的一项标准和硬性规定。上海古美学校师生每年至少参与6项公益活动。例如,2024年4月,上海市古美学校、上海市实验学校西校和上海市闵行区古美路街道妇联共同举办、一心公益发展中心协办的"行走的美术包"公益亲子健步走活动,募集了近20万元善款支持云南昭通市绥江县中城镇城关中学和玉泉小学。暑假还组织家长和教师带着孩子深入昭通绥江地区开展亲子活动和家庭教育指导交流活动。

五、跨文化家庭教育项目。随着经济和教育全球化的推进,不少学校,尤其是北京、上海、深圳、广州、杭州等对外交流发达地区的学校,将"培养具有国际视野的学生"作为其教育目标之一。这些学校既有中国学生想了解国外文化,也有很多外国学生想了解中国,学校通过跨文化教育项目帮助家长理解不同文化的价值观,并为孩子提供多元文化的学习机会。如学校举办的国际文化交流活动,家长与孩子一起了解世界各地的文化和习俗,通过互动游戏、传统食品和服饰展示等,开阔孩子的国际视野,开展外语亲子学习活动,为家长和孩子提供文化与学习交流机会。如上海市古美学校和日本三浦等学校小学师生相聚云端,进行线上友好交流,该校师生、家长代表就家校共育活动进行经验分享和活动展示。

第三部分:教师指导能力与科研培训

在学校家庭教育工作的实践中,为了提升家庭指导工作队伍的专业指导力和执行力,学校多路径开展家庭教育指导工作领域的学习与培训,助力师资队伍的专业化发展。

一是全体教师家庭教育指导能力提升。学校通过自学与集体培训相结合的方式,在更新观念、提高认识、统一思想的基础上,加强全体教师在家庭教育指导、心理健康教育理论与实际应用、全员导师制等方面的专题培训。每学期至少开展 1 次针对全体教师的校本家庭教育指导专题培训,引领全体教师掌握科学的家庭指导的技能与方法。

二是重视学校骨干队伍发展。通过走出去的办法,助力骨干队伍的发展,学校常务副校长是上海市家长学校的成员,中学政教主任是闵行区德育研究中心组成员,小学德育主任是闵行区家庭教育指导中心组成员,心理老师是闵行区家庭教育讲师团成员,多名教师拥有家庭教育指导师或心理咨询师资质,学校形成了相对稳定的家庭教育指导工作核心团队。通过定期开展专题研讨、经验交流和课堂观摩等研修活动,不断提升核心团队的家庭教育指导水平。

表 7-6　古美学校家庭教育指导教师核心团队教研活动列表

(2021—2024 年)(补充活动)

2021 年 10 月	家庭教育基础理论与前沿问题	家庭教育指导教师核心团队
2022 年 2 月	家庭内部关系与环境	家庭教育指导教师核心团队
2022 年 5 月	家庭教育指导师的基本能力与综合素养(1)	家庭教育指导教师核心团队
2022 年 9 月	家庭教育指导师的基本能力与综合素养(2)	家庭教育指导教师核心团队
2023 年 4 月	家庭教育指导个案解析(1)	家庭教育指导教师核心团队
2023 年 6 月	家庭教育指导个案解析(2)	家庭教育指导教师核心团队
2023 年 10 月	改善亲子沟通:搭建心灵的桥梁	家庭教育指导教师核心团队
2024 年 4 月	塑造家庭价值观:引领孩子成长的方向	家庭教育指导教师核心团队
2024 年 6 月	多元文化背景下的家庭价值观教育	家庭教育指导教师核心团队

第8章 教师专业发展一体化的理论与实践

8.1 教师专业化发展一体化的内涵

8.1.1 科研支撑教师专业发展的策略与方法

教师,尤其是班主任,作为家庭教育指导的直接执行者,扮演着为家长和学生提供支持的关键角色。因此,为教师提供专业化支持是承担家庭教育指导得以有效执行的重要责任。为了确保他们能够履行这一责任,学校需要为他们提供充分的培训、持续的专业发展以及必要的资源支持。

就学校家庭教育指导而言,教师专业发展一体化的内涵在于:目标上,个人发展与学校发展一致;组织上,教师与教师,学科与学科之间,部门与部门之间打破隔阂,协同合作,形成合力支持教师发展;行动上,要打通从培训到科研,再到实践应用的知识与技能提升通道;资源上,既要提供物质上的支持,还要提供技术支持,还要提供精神荣誉方面的情感支持。

教师专业发展一体化的建设重点在于建立教师学习共同体、科研引导、教育培训、情感支持和为班主任提供特别支持。教师专业发展一体化的表现在于以下三点：以校长为主导的教育领导力支持；以科研为引导，带动全校家庭指导质量整体发展；教师专业发展支持和情感支持兼顾，形成校培——区培——（市）省培——国培的一体化的培训体系，形成导师——种子导师——首席导师一体化的职业发展通道。

8.2 教师专业发展一体化的实施路径

8.2.1 科研支撑教师专业发展的策略与方法

以课题研究作为提升教师家庭指导教育专业能力主要途径，是高质量中小幼学校的通行做法、有效做法。

首先，参与课题研究不仅使教师能够系统地探究家庭教育指导的相关理论与实践，还通过持续地反思与调整，提高了其解决实际问题的能力。其次，课题研究成果的转化与应用，进一步提高了教师的家庭教育指导能力，增强了其指导效果。最后，问题导向的课题研究的实施，显著提升了教师在家庭教育指导中的针对性和实效性。

例如，上海古美学校在小初衔接适应性这个特定课题研究过程中，教师们围绕孩子可能会出现的关键问题开展深入探讨，形成了一系列具有实践指导意义的指导课程、策略与方法。这些成果不仅在本校实际教学中得到了有效应用，还通过多途径分享与交流，推广至上海市，乃至全国多地的教师群体，促进了教师家庭教育指导能力的整体提升。

在中小幼学校的家庭教育指导科研中，如何有效管理与实施科研以达到提高教师专业化水平的目的，其本身会成为一项重要课题。

我们认为,应注重以下三个方面:第一,注重实际问题解决,通过实践问题研究来提升专业能力。当下中小幼学校的家庭教育指导存在问题很多,课题研究方向应立足于学校实践中的基本问题、重点问题和难点问题。问题(课题方向)的把握和提出,有时比研究本身更有价值。第二,注重整体发展,要有系统思维,通过科研课题项目来推动科研系统管理能力、教师专业能力和家长能力协调发展,而不是为了科研而科研。第三,注重家长参与,通过"以亲(家长)为师"来提升教师的专业能力。在目前的家庭教育指导研究中,有一个较为明显的局限性,即参与研究的主体多局限于教师群体中,明显缺少家长参与。其实家长参与研究有很多益处,家长最了解自己孩子的成长需求和家庭教育中的难点,家长参与科研更贴近实际,更具针对性;当家长参与研究中来,他们对家教活动的认同感和参与感会大大增强;家长在研究过程中可以与其他家长进行沟通与交流,分享教育经验,也能让研究人员和其他家长经验获得新的思路和解决办法;通过参与研究,家长能够更深入地了解家庭教育的基本理论和方法,同时贡献自己独到的见解,增强了他们的教育自信心。这种自信心有助于家长在日常教育过程中更加坚定地实施和坚持科学的教育方法。

8.2.2 教师培训体系与内容设计

随着教育改革的不断深化和社会对家庭教育重视程度的日益提升,社会对家庭教育指导专业化和职业化的呼声越来越高。学校作为家庭教育指导的主阵地,承担着引领和指导家长科学育儿的重任,而这个重任压在教师肩上。学校为教师提供家庭教育指导专业化支持的需求愈发迫切。

虽有迫切需要,但当前教师家庭教育指导专业化发展情况不容乐观。上海古美学校从校级层面就教师指导能力进行了调研。结果发现,当被问及"您认为自己指导家长教育孩子的能力如何"时,49.51％的教师选择了"有点强",只有1.94％的教师选择了"非常强",高达44.88％的教师选择了"有点弱",3.88％的教师选择了"非常弱"。能力强与弱比例几近平分秋色(王静,2021)①。从区域层面研究上研究学校家庭指导服务体系时发现,上海市有83.58％的家长将学校视为获取家庭教育指导的来源,而有高达53.38％的教师却认为"自身缺乏家庭教育指导的知识与技能"(周时奕,2022)②。

既然过半的教师认识到自身缺乏家庭教育指导知识与技能,那么他们认为教师具体需要哪些知识和技能呢?研究进一步发现,教师认为缺乏的知识技能是沟通技能和儿童身心发展知识。中国家庭教育学会公布的《家庭教育指导师国家职业技能标准》(征求意见稿)显示,家庭教育指导师的职业能力特征为具备学习能力、观察能力、分析判断能力、语言表达能力、人际沟通能力、组织协调能力。基础知识包括家庭发展、家庭教育学、家庭教育指导、儿童身心发展、相关法律法规等知识。③而由中国儿童中心等研发的《家庭教育指导者专业标准》从专业知识和专业技能提出了基本要求:一是从"国家政策和法律的知识""通识性知识""儿童发展

---

① 引自上海市古美学校王静团队《小初衔接中提升学生成长适应性的家长指导课程优化研究》(上海市家庭教育重点课题)。

② 《家庭教育指导师国家职业技能标准》进入公示阶段.央视网教育频道 https://edu.cctv.com/2023/09/07/ARTID2teBuJrb3WfeOOYc5OL230907.shtml.

③ 中国家庭教育学会.家庭教育指导师国家职业技能标准(征求意见稿)[EB/OL].(2023-09-07)[2025-03-06]. http://fegw.sh.gov.cn/ywxx/20230907/5a498b1cd63247428806e6e04e529b3b.html.

与儿童权利的知识""家庭家教家风的知识""家校社协同育人的知识""家庭教育指导的知识"8个领域对家庭教育指导者的专业知识提出了18项基本要求。二是从"家庭教育问题的研究与分析""家庭教育指导活动的设计与实施""家庭教育指导的评价与反思""咨询与传播""沟通与合作""专业发展"8个领域对家庭教育指导者应具备的专业技能提出了18项基本要求（柳铭心，霍雨佳，2022）①。

我国中小幼学校可以参考上述权威机构提出的专业和技能标准，开发教师专业能力课程。不过，美国、英国和芬兰等家校合作程度较高的国家一些做法，值得我们参考。他们的中小学学校通常设立学校心理顾问和家庭辅导员岗位。学校或专业机构针对他们的专业技能与工作能力培训提高教育培训，其关注的重点如下：一、心理学基础与儿童青少年发展，帮助辅导员理解儿童与青少年在不同发展阶段的心理特点，提升他们识别学生心理问题和行为异常的能力。二、家庭教育与沟通技巧，提升辅导员的家庭教育指导能力和沟通技巧，确保他们能有效地与家长合作，帮助家长支持学生的学业与心理发展。三、心理干预与危机干预，帮助辅导员掌握基本的心理干预技术，应对学生可能面临的心理危机，如焦虑、抑郁、自杀倾向等。四、多元文化意识与敏感度，提升辅导员在多文化环境中的工作能力，增强对文化差异的敏感性，确保他们能够为来自不同文化背景的家庭提供有效的支持。五、自我照顾与职业发展，帮助辅导员管理职业压力，预防职业倦怠，并

---

① 柳铭心，霍雨佳.我国《家庭教育指导者专业标准》的构建[E/OB].中国儿童中心百度百家号 pc 端 https://baijiahao.baidu.com/s?id=1748874802127902429&wfr=spider&for=pc.

持续提高专业技能与职业发展(Siegle,2014；Epstein,2001；James,2012)①。

在上述五个模块中,我们认为,心理干预与危机干预知识和技能是当前教师亟待去学习和实践的。上海等区域有影响的、针对教师家庭教育指导的读本《教师家庭教育指导务实》,也将"危机处理"纳入教师指导能力之中(郁琴芳,徐群,2018)②。此外,这套读本还将"招生考试政策与解读"作为教师应掌握的知识和技能,这也是符合现实需要的。

8.2.3 教师情感支持的重要性与策略

教师在家庭教育指导过程中,可能会遇到以下问题:遇到情绪激动或不理解的家长,对教师不尊重;教师既要作为学生的学业指导者,又要作为指导者指导家长,这种角色切换可能会导致困惑或压力;有些家长可能缺乏知识或理解能力,教师可能会感到沟通效果不佳或不被理解,进而影响情绪;教师可能因为家长的不满或期望过高而感到自责或压力。上述问题,加上常规的儿童教学工作压力,教师会产生职业倦怠,最终会影响学校家庭教育指导工作。因此,为教师提供情感支持和环境支持,就显得非常必要。

① Siegler, R. S., DeLoache, J. S., & Eisenberg, N. (2014). How Children Develop. 4th ed. Worth Publishers; Epstein, J. L. (2001). School, Family, and Community Partnerships: Preparing Educators and Improving Schools. Westview Press; James, R. K., & Gilliland, B. E. (2012). Crisis Intervention Strategies. 7th ed. Brooks/Cole.
② 郁琴芳,徐群.教师家庭教育指导务实[M].上海社会科学院出版社,2018,第 25—27 页.

除了奖金、奖品物质刺激外，学校应该如何提供情感支持和环境支持？

一是定期培训与心理支持。学校可以定期组织情感管理与沟通技巧的培训，帮助教师学会如何更好地与家长沟通。同时，可以设置专门的家长指导专家支持团队，帮助教师在需要时获得情绪、心理、专业知识上的建议与支持。

二是建立有效的沟通平台。学校可以通过家长会、微信群、线上平台等方式提供便利的沟通渠道，减轻教师与家长沟通的时间压力，并确保信息的透明和及时。同时，学校鼓励教师与家长共同参与教育过程，定期进行家长开放日或专题讲座，增进家长对学校和教师的理解与支持。

三是合理分配工作任务。为了避免教师因压力过大而影响工作效果，学校应合理分配教师的工作任务，避免给教师过多的非教学性压力，确保他们能有足够的精力投入家长指导中。

四是给予精神层面支持和鼓励。学校应通过正面激励作用，一方面对那些尽职尽责的教师给予表彰，肯定其付出与努力，增强其自尊心和荣誉感；另一方面通过将教师的文章、论文结集成册或出版，举办"最美教师""教师反思论文集""典型案例"等评选活动，激发教师的职业身份认同感和责任心，促使其主动学习，不懈进取，不断提高专业技能。同时，鼓励教师建立以提高家庭教育指导能力为目标的学习团体和团建活动，为教师搭建情感交流的平台，缓解工作压力，增强团队凝聚力。

8.2.4 班主任在家庭教育指导中的特殊支持

早在 2008 年,教育部就发布了《关于进一步加强中小学班主任工作的意见》,明确指出"班主任是学校教育第一线的骨干力量,是学校教育工作最基层的组织者和协调者"。[①]教育大家顾明远先生在他的《中国学校研究》中是这样描述班主任角色及其重要性的:"不仅是学生与知识间的桥梁,更是连通学校与学生的纽带,无论是在学校事务中,还是在学生学习成长过程中都扮演着举足轻重的角色,有着非同一般的重要影响(顾明远,2017)[②]。"

同样,班主任在学校家庭教育指导中的重要性不言而喻。他们是信息传递与沟通的桥梁,承担着将学校的教育理念、教学安排、活动通知等信息准确、及时地传递给家长的重任。同时,班主任也是家长反馈意见的收集者,能够将家长对孩子教育的关注点和建议汇总整理,为学校改进教育服务提供参考;他们是教育理念的传播者与教育方法实施的指导者,班主任通常具备丰富的教育经验和专业知识,能够针对学生的个体差异,为家长提供个性化的家庭教育指导。同时,班主任的专业指导有助于家长树立正确的教育观念,避免盲目跟风或采取极端教育方式;他们是家校合作协调者,能够敏锐地察觉到家校之间可能存在的误解或矛盾,通过组织家长会、家访、家校联系本等多种形式的家校互动,增进家长对学校教育的理解和支持,促进家校双方在教育目标、方法上的共

① 教育部关于进一步加强中小学班主任工作的意见.教育部官网 http://www.moe.gov.cn/srcsite/A08/s3325/200808/t20080804_81917.html.
② 顾明远,马健生,滕珺.中国学校研究[M].高等教育出版社.2017,第 133 页.

识,形成教育合力;他们是家庭教育资源整合者,能够整合和利用各种家庭教育资源,如邀请教育专家、心理咨询师等开展讲座或工作坊,为家长提供丰富多样的学习机会。鉴于班主任及班级在家庭教育指导中扮演的至关重要的角色,学校应高度重视班主任的选拔和培养,为他们提供必要的支持和保障,共同推动家庭教育指导的繁荣发展。

很多地方及学校在班主任的培养方面有相当成熟的经验和创新的做法。例如,上海市松江区,基于从见习到研究型班主任的 8 级成长序列,架构了 4 级 13 层能力体系的班主任队伍培养系统(蔡晓燕,2022)[①]。再如,上海古美学校建构了基于全员导师制的、以班主任培养为核心的三级职级(普通导师——种子导师——首席导师)的发展模式,收到了良好效果。

在学校家庭教育指导者(教师)培养的多种模式中,支持优秀班主任成立"班主任工作室",支持教研骨干成立"名师工作室",这是学校支持教师专业化发展的一个好模式。在该模式下,通过工作室主持人人格魅力和专业引领,开展"多主体、多主题、多形式、多场域"的课题研究,带动和指导其他新任职的班主任或专业能力较弱的班主任逐步成长为合格的班主任,从而不断壮大优秀班主任的队伍,提高学校整体家庭教育指导水平。

对于班主任、教研骨干的支持,还可在课题项目、职称评定、工资待遇等方面给予特别倾斜。

[①] 蔡晓燕.班主任生涯规划与序列化培训——上海市松江区班主任队伍培养的实践探索[J].中小学班主任,2022:19.

8.3　古美学校的实践案例

8.3.1　构建教师家庭教育指导专业发展一体化支持体系的目标与组织

一、目标共识

学校制定长、中、短学校发展规划。家庭教育(指导)作为学校工作的重要组成部分被列入学校规划或专项工作计划。在学校规划或专项计划中,学校统一部署工作家庭教育指导科研、项目、活动、培训、达成标准等一系列达成目标共识的有效手段。

例如:2023 学年第一学期的工作重点就包含但不限于:以市级家庭教育课题《"双减"背景下家校协同育人中发挥家长主体性的行动研究》的实践研究为指导;引导老师创新日常家校沟通方式,主动开展与家长沟通的家访活动,家访率做到 100%;把做好家庭教育服务工作作为重要职责,完善全员导师制工作,积极开展"彩虹特色导育"项目建设。

2023 学年第二学期的工作重点就包含但不限于:重点推进市家庭教育课题《"双减"背景下家校协同育人中发挥家长主体性的行动研究》的实践研究;学校通过对全体老师开展家庭教育指导的学习研究和专题培训;确立班级以班主任为主导,以全体任课教师为群体的家庭教育指导工作制度。做好特殊学生建档立卡工作,深入推进全员导师制工作,引导导师积极开展"彩虹特色导育"特色项目。由行政、党员教师和心理教师担任导师的"特别关爱行动"工作深入推进,争创特色,关爱每位学生身心全面健康发展。

二、组织协力

(一)两校一体化,协同开展"家校共育"研究

2021年上海实验学校西校与古美学校实行一体化发展。实验西校将携手古美学校,在初小衔接、课程建设、教学工作、学生成长、教师发展、学校管理、校园文化等方面开展实践研究,促进教育的均衡化、特色化、精品化发展,构建两校以"西校引领、古美发力"的共同发展的有效机制。

古美学校与上海实验学校西校共建"家校共育"研究中心组、开展联合家庭教育读书会,通过日常学习研究和专题性培训实现提升。在此基础上,学校大力支持家庭教育工作,充分给予经费支持。加大教师的家庭教育指导能力的培训力度,积极促进教师提高课题研究的能力,完善健全的研究制度。

(二)组建多元化协同研究团队

成立课题研究组,由校长、分管副校长担任正副组长,组员包括学生处、科研室、年级组、校信息中心教师、家委会代表和优秀家长(选有能力有意愿有行动的优秀家长)。研究组就各组员进行了明确的分工,并就课题实施的过程、结题及其成果应用做了制度上的部署,以保障课题的顺利推进。

8.3.2 教师专业发展一体化的实践举措与成效

一、行动一致

(一)明确责任分工

教师培训和科研采用柔性管理,不同的课题和项目,配置不同

成员,分工也有所区别,以便惠及更多教师。例如《学段衔接中家庭教育指导课程的开发与实施研究》课题组的小组成员配置与分工如下表 8-1:

表 8-1　课题组成员配置及分工

序号	姓　名	职　务	项目分工
1	王　静	党总支书记	总负责、总策划
2	邢　明	副校长	组织与管理
3	吕晓明	科研室主任	理论探索与总结提炼
4	陈怡琼	学生处主任	课程设计与学生发展
5	马　婧	大队辅导员	区域辐射专题研究
6	冯　洁	心理教师	调研报告专题研究
7	计卫华、潘　晶	教师代表	框架结构专题研究
8	李金兰等	家长代表	组织与宣传、收集与汇总

（二）制订科研管理机制

研究准入机制,学校要求课题申请者对课题研究有一定的基础和较为丰富的实践经验。日常工作与研究并轨机制,课题核心成员应深入教育教学第一线,将课题研究与日常推行的家庭教育工作形成并轨机制,对课题各项活动做了具体可行的安排。课题组建立较严密的课题研究计划,定时定点进行科研活动,责任到人,定期交流经验进行总结。构建"教学研训"一体研修机制,多渠道助力教师发展。

（三）搭建平台支持教师科研

一是以"学科发展月"活动为载体,通过学科教研组的"三个一"研讨与展示活动,推进主题教研,促进专业发展;探索幼小衔接、小初衔接的跨学段融合教研,带动学科建设;建立两校一体化联合教研机制,共研、共建系列活动,传递了教学实践智慧,实现资源共享、经验互补、相互促进,助力共同成长。

二是聚焦"成长课堂"教学改进,以"课堂教学微技术"为抓手,通过"五课制"教学评比、"教学微技术"推广与实施、组建多种学习共同体,培植学研氛围,提升教师思维品质,引导教师立足课堂,追求专业成长,学校"教、学、研、训"四级研修机制初步形成。

三是规范课题过程性管理,为教师搭建专家指导平台,提供实质性的帮助,鼓励教师开展课题研究。例如,学校王静书记主持的上海市家庭教育重点课题《"双减"背景下家校协同育人中发挥家长主体性的行动研究》《小初衔接中提升学生成长适应性的家长指导课程优化研究》、区重点课题《学段衔接中家庭教育指导课程的开发与实施》均成功结题。教师在区及以上案例、征文类评比或文章发表方面均有较大幅度提升;小课题结题率达到100%。

自2021年1月至2025年1月,期间开展学校级课题研究50多项,上海市级课题研究5项,闵行区级课题6项,发表各类课例、案例及论文100多篇。

表8-2 古美学校教师家庭教育指导科研成果列表(部分)

编号	类型(论文、著作等)	成果名称	成果出处	发表或出版时间
1	论文	《多维贯通·融合共生:九年一贯制学校家庭教育指导系统化探索》	第六届全国创新教育成果奖,二等奖	2024.12
2	课题	《"双减"背景下家校协同育人中发挥家长主体性的行动研究》	上海市家庭教育重点课题,结题优秀	2024.12

编号	类型(论文、著作等)	成果名称	成果出处	发表或出版时间
3	课题	《学段衔接中家庭教育指导课程的开发与实施研究》	闵行区重点课题,结题优秀	2024.12
4	论文	《"双减"背景下家庭教育指导课程建设》	《闵行教育》	2023.03
5	论文	《"六育人"背景下学校德育工作思考与实践》	闵行区德育论文评选	2023.03
6	论文	《不想上学的他在害怕什么?——透过家庭系统看个人行为》	闵行区德育论文评选	2023.03
7	论文	《云端逐梦齐抗"疫" 家校携手育成长》	闵行区线上德育思考与实践微案例评选	2022.12
8	论文	《"双减"背景下家庭教育指导课程的建设与实施》	第五届长三角家校合作论坛征文	2022.09
9	论文	《构建家长学校课程体系 探索多元家庭教育指导途径》	闵行区德育论文评选	2022.08
10	论文	《依托"自得园"综合活动培育"四美"少年》	闵行区行规教育特色项目	2022.06
11	论文	《学生小初衔接心理适应性指导课程优化研究》	上海教科院研究项目	2022.04
12	论文	《构建家长学校课程体系 探索多元家庭教育指导途径》	闵行区德育论文评选	2022.04
13	论文	《小初衔接中提升学生成长适应性的家长指导课程优化研究》	上海市家庭教育规划课题优秀结题	2021.12

续表

编号	类型(论文、著作等)	成果名称	成果出处	发表或出版时间
14	论文	《运用非理性信念矫正训练调整七年级学生情绪的实践研究》	闵行区第十二届区级小课题	2021.09
15	论文	《优化家校课程建设　推进协同化育人》	闵行区第 26 届德育论文评比	2021.04
16	论文	《小雅的账本》	闵行区德育论文(案例)评比三等奖	2021.04
17	论文	《儿童焦虑情绪的支持性养育项目(SPACE)》	《大众心理学》	2021.03
18	论文	《拥抱自然,创造校园生活新节律——上海市闵行区古美学校校园四季活动综合活动的实践探索》	《现代教学》	2019.08
19	论文	《笑对"倔草"》	闵行区德育论文(案例)评比二等奖	2019.06
20	论文	《谱写多彩青春　绽放生命光彩》	闵行区德育论文(案例)评比一等奖	2019.03
21	论文	《桌角风波》	闵行区德育论文(案例)评比二等奖	2019.03
22	论文	《最美的春天,最美的人》	闵行区德育论文(案例)评比三等奖	2018.06
23	论文	《家校协同,开展小学生礼仪教育的实践研究》	《闵行教育》	2018.05
24	论文	《成长教育理念下的家校合力行规教育研究》	闵行区德育课题评比二等奖	2018.05

（四）构建一体化的教师培养体系

1. 构建"1＋3"一体化的培训体系

一是古美学校与实验西校一体化发展以来，依托实验西校优质资源，通过引入专家团队，师徒带教，微技术示范经验交流，学科研讨，微技术先锋队例会等一系列多角度、深层次的一体化实践活动，全方位助力教师发展，推动教师队伍整体水平持续提升。二是学校确立"1＋3"教师培养体系，搭建教师专业发展平台。为青年教师制定职业规划，组建"研习营"，创设"走出去""请进来"的机会，构建"职初教师、青年教师、骨干教师"三维成长阶梯，助力教师梯队培养，加速自身成长。三是构建全员导师制下的职级发展路径：普通导师—种子导师—首席导师。

2. 多路径培育，助力师资专业发展

一是多路径校内全员培育。学校通过自学与集体培训相结合的方式，强化家庭教育指导、心理健康教育理论学习与实际应用，开展全员导师制等专题培训。学校规定，每学期至少开展 1 次针对教师家庭教育指导专题培训。

二是链接外部资源，重点培养骨干。与上海市家长学校、闵行区德育研究中心、闵行区家庭教育讲师团等机构合作，通过定期开展专题研讨、经验交流和课堂观摩等研修活动，不断提升核心团队的家庭教育指导水平。另外，聘请孙红、付丽旻、张煜坤、毛春英等学者和优秀家长，联合古美社区志愿者组成家庭教育指导兼职队伍，共同推进学校家庭教育指导一体化。

（五）建立科研共同体

建立教师读书沙龙。学校十分注重教师的阅读，推荐了一本本优质书籍：如魏书生《班主任工作漫谈》、李希贵《教育艺术随想录》、章志强《课堂教学的 30 个微技术》等等。为促进老师们认真阅读，校长率先垂范，引领行政先行，撰写读书体会，进行智慧传递。学校还成立读书沙龙，利用微技术月例会以及教工大会等时间，陆续开展线上线下各类读书分享活动。

建立教研组微技术和学科研究共同体。以备课组为单位，每位教师针对组内教师日常教学中出现的问题，思考提炼教学微技术，以互相参课、研讨等方式交流微技术的成效，进而形成自己的教学风格，并在教研组内进行展示、分享。

古美学校于 2022 年 4 月的"微技术先锋队"成立，微技术先锋队采取"自主学习、讲座培训、个人实践、课堂展示、课后研讨"的模式有序推进，促进课堂教学方法改革。每位学员根据自己研究的微技术上报课堂展示时间，每月例会由执教者围绕微技术运用的成效进行说课、上课、课后反思，专家评课，学员分享观课、学习感悟。微技术先锋队员在学校搭建的平台中，以先进教学理念为载体，以课堂微技术为抓手，正在成长为一支引领学校教学和家庭教育指导课程改革的生力军。

（六）为班主任等提供特别支持

学校利用德育例会组织班主任学习《中小学德育工作指南》等文件精神，阅读《班主任工作漫谈》等教育书籍，邀请市区德育专家开展校本培训，打造一支勤学习、善思考、慧实践、会创新的班主任队伍。

学校组织新手班主任学习班主任专业知识，提高理论水平，建立新手班主任与骨干班主任师徒结对机制，促进新手班主任做好班级常规工作，顺利度过新手期。

学校积极为青年班主任搭建学习交流平台，就班会设计、班集体建设、育人故事的撰写进行系列化培训。每学年组织一次班主任基本功大赛，指导青年班主任撰写德育论文、开设主题班会，锤炼班主任基本功。学校也充分发挥骨干班主任示范作用，与新手班主任牵手结对，指导新手班主任主动学习、积累经验、快速成长，并选拔骨干班主任参与区级班主任基本功大赛、主题班会和德育论文等评选活动，发挥示范引领作用。

学校确立分层发展目标，完善班主任梯队培养机制，促进班主任队伍整体专业发展。明确学校三类班主任梯队的培养目标和成长路径，深化新手班主任（0—3年）、青年班主任（35周岁以下）和骨干班主任的梯队考核机制，提升班主任专业素养。学校鼓励新老班主任参与教学科研评比，学校荣获2023年闵行区班主任基本功大赛优秀组织奖，吕晓明、徐宇哲老师分别荣获闵行区班主任基本功大赛一、二等奖。进一步激发了班主任的自信心、责任感和自豪感。

学校以德育微论坛为载体，组织班主任分享建班育人中的典型案例和成功经验，并鼓励班主任团队积极申报课题、撰写论文。同时，学校充分挖掘各类市区学习平台，积极选拔德育干部、年级组长和班主任参与区德育实践研究基地、班主任名师基地和工作室学习。我校王静书记入选市德育实训基地，中学政教主任、小学德育主任和心理教师分别成为区学校德育研究、家庭教育指导和心理健康教育中心组成员，2人入选区德育实训基地，4人入选区班主任名师基地和班主任工作室，多篇德育论文、案例荣获区论文评选二、三等奖，多名班主任开设区级主题班会并获得好评，学校班主任工作持续发展并不断取得突破。

(七) 提供物质与情感支持

物质支持,包括活动资金,老师工资、奖励、奖品、办公室场地及设备、购置书籍文献、提供研究器材等。除了常规的基本工资、工龄工资、教龄工资外,设立了特有津贴。除此之外,学校对教研成绩优秀的教师进行特别的物质奖励。

每个学期评出科研优胜奖、育人优胜奖;课例、研究报告、各级各类文章结集成册。教师积极参与家庭教育研究,撰写相关论文、案例,在区级以上评比中获奖或发表累计达 30 余次。

学校先后被评为"上海市中小学行为规范示范校"和"上海市家庭教育工作示范校",并多次就家庭教育工作在国际、国内、市区级层面进行交流和智慧传递,家庭教育相关活动被市级、区级媒体报道 60 余次,学校形象、社会满意度和教师自豪感进一步提升。

学校还举办教师节、元旦晚会等文娱活动,利用寒暑假等节假日组织教师旅游和团建,并支持以教研组、工作室为单位举办非组织团队文体活动,以此增强团队凝聚力、缓解工作压力和职业倦怠。

二、资源共享

教师的专业发展需要外部优质资源的深度持续介入,这样才能快速促进教师的观念转变和行动跟进。

内部资源共享。通过文字、图片、视频等方式结集或出版优秀案例。成册的优秀案例可以作为学校的教育资源保持下来供家长、学校参考和应用。这是一种非常重要的、有效的文化传承、知识沉淀的途径。

学校外部资源引入和共享,包含上级政策(颁布《家庭教育指导大纲》《家庭教育示范学校评估标准》等)、领导支持与帮助(政策、出席活动、项目批示、舆论支持)、外部专家(如为教师提供科研理论指导、论文写作指导和个案指导等),合作项目(如省市区各级课题研究项目),资金支持等。

学校与古美社校联合选拔老师与家长代表,参与上海家长学校的家庭教育指导师的培训工作。通过定期参与华东师范大学等外部教研机构开展专题研讨、经验交流和课堂观摩等研修活动,不断提升核心团队的家庭教育指导水平。另外,学校在强化三支队伍建设的同时,借助外部力量和资源,聘请孙红、付丽旻、张煜坤、毛春英等学者和优秀家长,联合古美社区志愿者组成家庭教育指导兼职队伍,共同推进学校家庭教育指导工作。

第9章 经验交流与案例共享的价值与实践

在学校家庭教育指导过程中,家长之间的经验交流既是重要的学习方式,又是非常有效的、直接的家庭教育指导方式,它对家长和学校都有极大意义。同样,教师在家庭教育指导中所形成的案例(经验与做法总结),作为特定的知识和文化沉淀,对学校和其他教师具有重大价值。高质量学校都非常重视经验交流和案例共享,甚至视之为学校家庭教育(指导)建设的法宝。

本章结合古美学校实践,就家长经验交流与教师案例共享的价值、途径和方法展开简单论述。

9.1 家长间经验交流的价值与促进策略

9.1.1 家长间经验交流的重要价值与意义

在一项针对上海市部分中小学家长的调查中,问其在遇到家庭教育问题时向谁求助时,75.98%的家长选择"与朋友、其他家长共同探讨",有65.24％的家长选择"与家长商量"(周时奕,2022)①。可见,家长与家长之间的交流探讨是多么的重要和有价值。

其一,对于学校而言,通过分享家庭教育经验,家长与学校之间建立更紧密的合作关系,增强家校之间的信任和沟通,共同为孩子的成长创造良好的教育环境。其二,家长家庭教育经验是学校教育资源的重要组成部分,学校可以将这些经验纳入自身的教育资源库,为教师和其他家长提供更多的学习材料和案例。其三,借鉴优秀的家庭教育经验,学校可以更加全面地了解学生的成长背景和需求,从而制定更加个性化的教育方案,提升教育质量。

对于家长而言,通过经验交流,可以学习其他家庭在教育孩子方面的成功经验和教训,避免走弯路。同时,这种交流还能帮助家长们发现并及时改进自身教育方法中的不足。经验交流还鼓励家长们分享各自的教育理念和实践经验,这种互动不仅能够拓宽家长们的视野,还能激发新的家教灵感。通过案例共享,家长们可以了解到不同家庭背景、不同教育方式下的成功案例,从而结合自身实际情况,调整教育理念和教育行为。第三,在经验交流与案例共享的过程中,一些家长可能会遇到类似的困惑和压力,通过与其他家长分享经验和感受,家长们可以相互鼓励,获得情感上的支持,缓解孤独和焦虑。同时,这种互助氛围能够增强家长的自信,使他们更能履行亲职责任。通过分享成功案例,家长们也能感受到成就感和满足感,进一步激发他们参与家校共育的积极性和主动性。

---

① 周时奕.新时代中小学家庭教育指导服务体系的优化策略研究——以上海市为例[D].华东师范大学,2022.

9.1.2 促进家长经验交流的途径和方法

一、组织定期的家长活动。学校可以定期组织家长座谈会、家长交流日等活动，让家长有机会面对面交流教育经验，分享育儿心得。这些活动不仅有助于家长之间的互动，还能增强家长对学校教育理念的理解和认同。学校可以提供场地、设施等支持，确保交流活动的顺利进行。

二、搭建交流平台。学校可以通过微信群、QQ 群、家长论坛等平台，建立便捷的线上交流渠道。通过这些平台，家长可以随时随地分享育儿经验、交流教育问题，甚至与教师互动，促进信息流通。利用学校网站或专门的家长交流平台，设立家庭教育经验分享专区。家长可以在此发布自己的教育心得、成功案例或遇到的挑战，与其他家长进行互动交流。

三、提供专业讲座和培训。邀请育儿专家、心理学家等专业人士，为家长提供专题讲座或培训，帮助家长了解教育心理学、亲子沟通技巧等知识，并为他们提供更多的育儿工具和策略。同时，家长可以在这些活动中与其他家长交流彼此的经验和困惑。

四、鼓励家长参与家校合作组织。邀请热心的家长参与家长委员会或家长特别小组，参与学校的决策和活动策划。这不仅可以让家长更深入地了解学校运作，还能通过小组活动促进家长之间的互动和交流。在家长会上设立经验分享环节，邀请家长代表上台讲述自己的教育故事和心得。这种面对面的交流方式能够增强家长之间的互动和信任。

五、开展家庭与学校联合活动。组织家庭与学校联合举办的活动,如亲子运动会、亲子读书会、家长志愿者活动等,通过这些活动,家长和学校、家长之间的联系更为紧密,家长们有更多机会互相交流心得。邀请教育专家或优秀家长代表举办讲座,分享他们的教育理念和实战经验。这不仅可以为家长提供新的教育视角,还能激发他们分享自己经验的意愿。学校还通过组织亲子运动会、家庭才艺展示等活动,让家长和孩子在共同参与中增进感情,同时也为家长提供了交流教育经验的机会。

六、建立激励机制表彰优秀家长。对积极参与家校合作、分享教育经验的家长进行表彰和奖励,以激发更多家长的积极性和参与度。鼓励家长组建志愿者团队,参与学校活动的组织和策划。这不仅可以增强家长的归属感,还能为他们提供更多的交流机会。

9.1.3 组织高质量的家长交流会的策略与技巧

在学校家庭教育指导中,家长之间的经验交流是一种非常有效且重要的途径,但交流的质量同样至关重要。为了确保家长在活动中获得有价值的经验,并能够有效地相互学习,学校可以采取以下措施:

一、精心设计活动内容。学校可以根据家长的需求和问题,设计具有针对性的交流活动内容。例如,通过分析家长常遇到的教育困境、困惑或者兴趣点,定制个性化的分享主题,如如何与孩子沟通,如何管理时间,如何管理电子产品,如何激发孩子的学习动力等,确保活动内容符合家长的实际需求,以提高交流的质量和有效性。

二、邀请专家指导和主持。在家长交流活动中,邀请育儿专家、教育心理学家等专业人士参与并进行讲解和互动,能够帮助家长们更好地理解育儿方法和教育理念。专家的参与不仅为家长提供了理论支持,还可以引导往热点、难点、兴趣点主题方向聚焦,以便家长之间的有序有效讨论,使得经验交流有一个更高的标准和更准确的方向。

三、设置讨论和互动环节。活动中可以设置小组讨论或互动环节,让家长们有更多机会分享各自的育儿经验。在小组内,家长可以自由表达自己的看法,互相借鉴、启发。为了确保这些交流具有深度和价值,学校可以提前将讨论框架和提纲打印出来分发给与会家长。

四、建立家长反馈机制。学校可以在活动结束后通过问卷调查、意见箱等方式收集家长的反馈,了解他们对活动的看法和意见。通过家长的反馈,学校能够评估活动中哪些内容和形式最有效、最有帮助,并根据反馈不断优化未来的活动。这样,家长的交流质量将随着活动的不断改进而提高。

五、制定活动规则和规范。在家长交流活动中,学校可以制定一些活动规则和规范,确保每位家长都有机会发表意见,并在尊重和平等的基础上展开讨论。例如,设定时间限制,让每个家长都能平等发言,避免某些家长主导整个讨论。通过确保讨论的平等性和秩序,能够提高交流的质量和效果。

六、注重长效机制的建立。学校可以通过建立长期的、连续的和系统的家长教育合作机制,确保家长交流不会仅限于单次活动。比如,学校可以设立家长学习小组或定期举办家长沙龙,让家长在平时也有机会分享和交流育儿经验。比如,就某一大主题,展开若干次讨论和交流,在下次交流会上复盘上次的内容,这种长效机制不仅可以保证家长之间持续的沟通交流,还能提升家长间经验交流的质量。

9.2　案例分享：打造家长学习共同体的实践探索

9.2.1　家长学习共同体的构建理念与策略

以家长委员会为权力机关、以家长学校为执行机关，以家校社协同作为工作方式，是当前中国幼儿园、中小学开展家庭教育指导的组织形态。而这种组织形态的核心主体就是家长群体。围绕家校合作形成的家长群体本质上是松散的、类"朋友圈"的非正式组织。

然而，历史经验和无数实践证明，就是这个非正式组织的家长群体，如果组织得当有力，则学校的家庭教育工作就会做得好。反之则人心散漫，溃不成军。期望家长群体成为什么样态的组织是学校决策领导者首要回答的问题。

古美学校的答案是：致力于将家长群体凝聚成一个学习共同体。

家长学习共同体既有一部分共同体的特征，又具备学习型组织的某些特征。前者的特征为去中心化、自愿自觉地联合、共同行动、规则和整体利益最大等特征（柴江，2022）[①]。后者的特征为共同愿景、系统思维、个人学习、自我超越和团队学习（彼得·圣吉，2009）[②]。基于上述理论指导，就致力于将家长群体打造成学习型

[①]　柴江.家校合作与学生核心素养发展[M].人民出版社,2022,第 49 页.

[②]　著名学者彼得·圣吉(Peter Senge)提出的《第五项修炼》是学习型组织理论的经典著作之一,他提出了五项修炼,即:系统思维——帮助组织成员看到整体的关联,避免局部的短视行为;个人掌握——鼓励每个成员持续自我提升,形成个人学习的强大动力;心智模型——识别和挑战自身固有的思维模式,打开创新的思维空间;共同愿景——确保所有成员对组织的未来有共同的愿景与目标;团队学习——通过团队成员间的互动与合作,实现集体的智慧与创意.文献出自彼得·圣吉,张成林.第五项修炼:学习型组织的艺术与实践[M].中信出版社,2009.

共同体的实践过程中，古美学校应用了如下策略和方法：

一、构建家长群体的共同体意识。马克思共同体思想强调个体与共同体的辩证关系，即个体的发展离不开共同体的支持，而共同体的进步也依赖于个体的积极参与。这一观点启示我们，在家校社协同育人的过程中，必须首先构建起一种共同体意识，即所有参与者都应将孩子的教育视为共同的责任和使命。

在与家长互动和家长教育中，我们清楚地依法阐述家庭和学校的分工，明确提示各自在教育孩子方面的责任，并相互支持，共同分担。家庭应提供温馨的成长环境和情感支持，学校应提供专业的知识教育和技能培养，而社区则应提供丰富的社会实践和文化熏陶。与此同时，致力于家校社之间建立起相互信任的关系，通过定期地组织家长会、专题交流会、亲子营和家庭教育指导工作坊个体指导活动，增进彼此之间的了解和信任。我们认为，这种互信关系是家校社协同育人的基础，也是实现教育目标的重要保障。

二、明确家校协同育人的共同目标和愿景。马克思共同体思想追求的是个体的全面发展，这包括智力、体力、道德、审美等各方面的提升。因此，在家校社协同育人的过程中，持续践行"多元发展，人人成功"的办学理念。学生人人发展，人人成功也是学校与家长共同的目标和愿景。同时，我们亦将"多元发展，人人成功"的办学理念应用到家庭教育指导上，分析和鼓励家长发挥个人优势和个性，聘请多个行业、多个专业的家长作为志愿者参与学校的各类家庭教育指导活动，或用一技之长，或用专业知识协助学校指导其他家长，以达到"多元共发展，人人（成为）好家长"的目标。

三、主体自愿、平等参与。古美学校视家长同教师一样，是学校的核心资源。予以尊重和平等,是学校家校合育的基本理念。古美学校家长从积极参加五大亲子营到志愿参与安全护校,从自发组建阅读团到乐意参与家庭教育课程开发,均遵循自愿、平等原则。

四、系统思维。家庭和学校需要从整体角度出发,认识到学生的成长不仅仅依赖于学校的教育,还需要家庭环境的支持。这种全局视角能够帮助双方理解各自的角色和责任,避免局部决策对学生发展的负面影响。

学校定期开展家长会,邀请家长和老师共同讨论和交流学生在校表现和家庭教育的联系。家长分享孩子在家中表现、学习习惯等信息,教师则提供学生在学校的表现,讨论学生在家庭和学校的不同表现,找出潜在问题,并共同探索解决方案。这样通过系统思维,双方发现孩子的问题不仅仅出现在学校,还与家庭环境和家庭教育方式相关。这样做,不仅强化了家长系统进行家庭教育的意识和思维,还增强了家长对家校合作重要性的认识。

五、自我超越。学校提供各种资源和便利供家长接受教育与指导,参与教育课程开发和其他家校合作活动,反思并优化自己的家庭教育理念和方法,从而更好地支持孩子的成长。

对于家长在学习过程中的感受、反思,积极利用学校公众号、微信群、微课堂等平台进行发布、交流。家长的反馈都在这里形成智慧的汇集,反哺了全体家庭和教师,也共同营造了家校共育和家长自我学习的良好氛围。更重要的是形成了共同体的学习路径:个人学习—团队共享—内化(写笔记或读后感)—应用在对孩子的教育上。

【家长反思】

四(1)班家长:很荣幸有机会聆听上海家长学校特聘家庭教育指导老师于装老师的"做孩子的正向创造力父母"这一讲座。开场,于老师拿我们身边简单的例子切入主题,让我们深刻体会了日常生活中对待孩子一些不切实际的方法,通过现象看到问题的本质。其中最让我印象深刻的是于老师关于情绪管理的四步法。教育孩子的过程中相信很多的家长和我一样有情绪失控的时候。情绪管理是一门很重要的学问,作为个体的我们,时常和外面产生链接。遇到棘手问题怎样控制好自己情绪,是每个人的必修课。在以后的生活中,我会及时运用老师的方法调整自己的状态,和孩子一起共同进步。最后感谢学校为我们提供这么好的学习机会。

五(2)班家长:今天有幸参加古美学校五年级家长学校活动。此次活动很有意义,学习收获颇丰。首先,听了讲座后,我理解了和孩子正向有效的沟通方式,要从"心"开始,比如生活中所能获得的各种正向体验:愉悦、创造力和热爱生活等,我们能够通过有意识地训练自己,在平淡的日常中达到最大化的个人体验。赢得孩子的心是跟孩子愉快沟通的前提,孩子对着干是因为他对大人的要求有抵触情绪,孩子思维方式和逻辑推理在成长期都是以自我为中心考虑问题。所有的反话背后都隐含孩子希望被肯定的需求,父母需及时肯定孩子的需求。尊重孩子的想法,跟孩子一起探讨交流,真正平等的沟通是建议而非命令。今后,我应该帮助孩子制订学习计划,陪伴孩子一起克服学习上的困难,亲子之间互相学习,共同成长,做孩子的正向创造力父母。

六、挑战固有思维与习惯。家长和学校需要认识到教育过程中有很多思维和行为的固有模式（如过度关注成绩而忽视孩子的情感需求），这些固定思维模式可能限制了家校合作的效果。通过改变这些心智模型，家校双方可以促进更开放的沟通与合作。例如关于"拖延"的传统看法。许多家长可能认为孩子拖延家庭作业是不负责任、懒惰的表现，因此急于纠正孩子。然而，通过挑战这种固有思维，我们可以更全面地理解拖延可能潜在的原因以及它对孩子发展的影响，甚至可能带来某些积极作用。下面是古美家学校 5 年级 3 班班主任与一名焦虑的家长的对话，对话围绕孩子拖延家庭作业的问题展开。

9.2.2　打造家长学习共同体的实践

【古美实践】

挑战"拖延"之固有观念

家长：老师，我真的很担心孩子（小明，化名）总是拖延做家庭作业。他一开始看起来很有动力，但一旦开始做作业就会拖拖拉拉，总是拖到最后一分钟才匆忙完成。我试了很多方法来催促他，但效果并不好。我都急死啦，不知道用什么办法来戒掉他这个臭毛病！

教师：我能理解您的担忧。您的焦虑很正常，其他很多家长都有。您提到小明一开始看起来很有动力，但后来却拖延？

家长：是的，他好像一开始做得很认真，但最后总是草草了事，做得很匆忙。每次我都提醒他："你必须赶紧做完！"但他总是拖到最后才着急开始。

教师：首先，我想我们可以从改变对"拖延"的看法开始。很多家长会将拖延视为不负责任和懒惰的表现,但实际上,拖延行为背后可能隐藏着其他的因素。比如,孩子可能感到任务过于沉重,或者他们在做作业时缺乏自信心,害怕做错题,受到老师批评或同学嘲笑。因此,拖延并不总是负面的,它有时是孩子应对压力的方式。

家长:哦。您是说拖延是他的心理应对压力表现,而不是懒惰? 那怎么办?

教师:是的,您说得对,拖延行为往往与心理因素相关,尤其是与孩子如何处理焦虑、压力和自我期望有关。我们可以通过调整情绪和看法来改变这种情况。首先,我们可以帮助小明弄清楚作业的难度和交作业的时间上是否紧迫,而不是一开始就急于要求他"立刻做完"。您不妨先和他一起讨论作业的内容,看看他对哪些题目不懂,或者他还有其他比作业更重要、更有压力的事。理解了这些原因后,您就能更有效地帮助他减轻压力。

家长:我明白了。我不应该一开始就催促他立即完成作业,先要弄清情况。

教师:您可以尝试让他自己规划一下时间? 尝试通过"分阶段做任务"的方法。您可以帮助小明将作业分解成小块,并为每一部分设定一个较短的时间目标。例如,今天可以先做一部分,然后休息一下,调整状态再做下一部分。这样做不仅减少了任务的负担感,还能帮助他通过逐步完成任务来增强自信心,避免感到过于急迫。

家长:好的。受教了。我现在明白拖延并不一定是坏事。有时,拖延可能是他自己在思考如何以更好的方式解决问题。

教师:您完全可以这样看待拖延! 也要把您的这种看法告诉小明,让他明白拖延只是压力的表现,你理解他,鼓励他自己安排时间来解决拖延作业（问题）。有研究表明，适度的拖延有时会给孩子提供反思和重新评估的机会，这有助于他们思考任务的最佳处理方式。当然，关键是拖延不能过度影响任务的完成质量和及时性。当孩子适度拖延时，家长和老师的支持可以帮助他们从中学到如何管理自己的时间和压力，而不是完全否定拖延行为。

家长：我明白了。我可以尝试与小明一起反思拖延的原因，并帮助他学会如何有效地管理时间。

教师：是的，您可以引导小明思考拖延背后的原因，帮助他认识到拖延可能是因为某些焦虑或压力情绪，而通过合理规划时间和分阶段完成任务，孩子可以慢慢减少这种拖延行为的发生。重要的是，家长要在过程中给予积极地支持，而不是单纯地批评。

家长：您可是帮了我大忙。我之前更多的是在催促他，而忽略了理解他拖延的原因。今后，我会尝试调整我的方式，帮助他一起规划作业时间，并且更多地关注他的情感需求。

教师：很高兴听到您的想法。家庭教育的过程是一个不断学习和调整的过程，通过理解和支持，您可以帮助孩子更好地应对挑战。也许您会发现，小明在逐步改善拖延习惯的过程中，自己也会有很大的成长。

七、团队学习，促进合作与集体智慧的提升。古美学校已经形成以亲子成长营（亲子阅读营、亲子运动营、亲子劳动营、亲子研学营和亲子科创营）和"家长微课堂"为主要载体的多个团体学习组织。这些家长团成员，有不少在学校辅导员、小组长、老家长的引导下，形成了互助性的紧密学习和实践团体。

在线上，这种互助性的学习与实践团，交流主要以微信群的形式。起初，由某家长担任家委会成员的群主，发起群聊，通过微信公众号、讲座等形式，吸引感兴趣的其他家长后扫码入群。新入群后，观摩其他家长和辅导员的沟通、反馈情况，如若认同其理念与方法，需及时申请参加家长学校课程的正式学习，并且在线提交观察笔记和提出问题。"辅导员"由某个"老"家长自愿担任，负责查看家长上交作业，如发现问题有典型性，则发起群里家长共同出谋划策。新家长在参加理论课、实践课、上交笔记，均可积分。积分到 70 分，即可申请"毕业"，或进入更高层级的学习。

线下微课堂活动，主要由理论探讨、实践讨论和经验分享构成。每一期由一名负责主持的老师和一个学生家庭组成。主持老师进行该次主题的理论知识讲述，父母谈自家家庭教育故事、暴露问题和心路历程，孩子谈自己困惑，有必要的时候，还请专家点评。其他家庭则观摩、提问、反思互动，并在课后提交观后感，并发布在网上或群里，供大家参阅。

线下团体学习的形式，还有表现为家长自己组团、自主策划、自主设计、自主组织开展研学、运动或科创等亲子活动。

9.3 教师指导案例共享的价值与实现路径

9.3.1 教师指导案例共享的重要价值

教师案例共享是指教师之间通过分享自己在家庭教育指导过程中遇到的实际案例，包括成功案例、失败案例以及反思与改进过程，以达到相互学习、共同提升的目的。这种共享，既是学校文化的传承,也是教师专业化发展的必经之路和利器,不仅有助于教师个人专业成长,更能推动学校家庭教育指导工作的整体进步。

首先,促进经验的传承与沉淀。每个教师在家庭教育指导过程中都会积累独特的经验和教训,通过案例共享,这些宝贵的经验得以传承,同时激发新的教育灵感和创意。通过案例共享,教师还可以借鉴他人的成功案例,避免重复他人的错误,从而在实践中更加游刃有余。

其次,提升教师家庭教育指导专业能力。案例共享是教师之间互相学习、共同进步的重要途径。通过分享和讨论,教师可以深入了解不同家庭背景、不同孩子特点下的家庭教育策略,拓宽自己的专业视野。同时,在共享过程中,教师还能通过反思和改进自己的教育实践,不断提升自己的家庭教育指导专业能力。

再次,增强家校共育的合力。教师案例共享有助于形成家校共育的良好氛围。通过分享成功案例,教师可以向家长展示学校教育的成果,增强家长对学校的信任和支持。再者,通过分享失败案例及反思过程,教师可以引导家长和学校正视家庭教育中的问题和挑战,共同寻找解决方案,形成家校共育的合力。

最后,提升学校整体指导质量。就学校而言,参与案例共享的教师往往需要对自己的教学实践进行反思和总结,这有助于培养他们的科研意识和能力。同时,通过将教学实践转化为研究案例,教师可以更深入地理解教育现象,提升学校的教育研究水平。另外,案例共享活动通常在教师团队中进行,通过共同分析和讨论案例,有助于增强教师之间的沟通和协作能力,形成更加紧密的团队关系,共同推动学校家庭教育指导质量的整体提升。

9.3.2 促进教师案例共享的途径与方法

一、建立案例共享平台。学校可以建立专门的案例共享平台,如在线论坛、网站、APP、公众号、微信群等,为教师提供一个便捷的交流渠道。教师可以将自己的案例上传到平台上,供其他教师学习和借鉴。同时,平台还可以设置评论和点赞功能,鼓励教师之间的互动和交流。这个平台还可以以在线教案和案例库形式出现,具备上传、搜索和分类功能,方便教师们快速找到所需资源。

二、通过文字、图片、视频等方式结集或出版优秀案例。成册的优秀案例可以作为学校的教育资源保持下来供家长、学校参考和应用。这是一种非常重要的、有效的文化传承、知识沉淀的途径。

三、举办案例培训会、分享会或研讨会。学校可以定期举办案例分享会,展示自己的优质教学案例或上台分享自己的家庭教育指导个案。这种面对面的交流方式有助于教师更深入地了解彼此的教育实践和经验,同时激发更多的教育灵感和创意。学校还可以组织研讨会,邀请专家为教师提供教案进行点评。培训会培训的内容则包括案例的撰写方法、技巧以及共享平台的操作方法等。

四、建立案例评价机制。学校可以建立案例评价机制,对教师分享的案例进行评选,将案例共享纳入教师评价体系,作为教师晋升、评优的重要依据之一。这不仅可以激励教师积极参与案例共享活动,还能提升案例的质量和水平。同时,通过评价机制,学校还可以及时发现和推广优秀的家庭教育指导案例,推动学校家庭教育指导工作的整体进步。

五、设置奖励机制。通过物质奖励(如奖金、奖品)和精神奖励(如荣誉证书、职位升迁)等方式,激励教师积极参与案例共享。

六、加强宣传与引导。学校应通过各种渠道(如校报、校园网、公告栏等)宣传案例共享的重要性,展示优秀案例共享的成果和效益,激发教师的参与热情,提高教师对案例共享的认识和重视程度。

9.3.3　提高教师案例质量的策略与措施

一、制定案例编写规范。明确案例的编写要求和标准,包括案例的背景、问题、解决方案、反思等方面。提供案例编写模板和范例,指导教师编写高质量的案例。加强案例审核,设立案例审核小组,对提交的案例进行认真审核,确保案例的真实性、针对性和可读性。提供反馈和建议,帮助教师改进和完善案例。

二、鼓励创新和个性化。鼓励教师在案例编写中融入自己的教学经验和创新思想,形成具有个人特色的案例。尊重教师的个性化和差异性,避免一刀切的要求和评价标准。

三、鼓励跨学科和跨年级的案例交流。教师之间的案例分享不仅限于相同学科或年级的老师,学校可以通过跨学科、跨年级的交流,促进不同教师之间的经验传递和学习。不同年级和学科的教师可以在不同背景下应用和改进相同的教育方法,从而拓宽思路,激发创新的教育实践。

四、创建教师发展共同体。学校可以通过教师发展共同体(如教师学习小组)来推动案例分享。这些共同体可以定期聚集教师一起讨论案例,通过集体反思和讨论的形式,促进教师对自己教学实践的深度思考和改进。同时,这样的共同体也有助于营造互帮互助的教师文化。

五、提供持续的培训和指导。学校可以聘请外部专家为教师提供关于案例理论、写作和分享的培训,帮助教师提高总结与反思的能力。通过培训,教师能够更加清晰地把握教育问题的核心,学习如何将自己成功的教育经验以案例的形式进行总结和分享。同时,培训也可以提高教师的专业素养,保证案例内容的专业性和科学性。

六、定期进行反馈和更新。教师分享的案例需要在实践中不断被验证和更新,学校应定期进行反馈。教师可以对已有案例进行跟进,分享实施后的效果、遇到的新问题及其解决方法,这样能够确保案例的长期有效性,并促使教师不断改进和提升自己的教育方法。

9.4 案例分享:桌脚风波的启示与思考

9.4.1 桌脚风波案例的背景与过程

桌脚风波——偶发事件处理中的家班共育(节选)

上海市古美学校 戴 轶①

五月,一个寻常的课间,教室里。

七个精力充沛的八年级男生正在练"轻功"——双脚同时离

① 本案例获上海市闵行区家庭教育案例评比二等奖.笔者有删减.

地,一跃而起,跳上足有 80 厘米高的公用大桌。成功者,扬扬得意,转而挑战更高难度的书包柜;失败者,捶胸顿足,再次用力蹬地,向上跃起,砰……桌脚处木屑四散崩裂。

第二天,我从同学的口中得知教室里公用大桌的桌脚被踢坏。于是,匆忙赶到教室里了解事情发生的原委。

在与七个孩子的对话中,我发现"究竟是谁踢坏了桌脚?""应该由谁来赔偿?"成为孩子们思考的重点。而对于这个事件的背后所涉及"安全""文明"视而不见。面对男孩们执着于"桌脚不是我踢坏的,我不赔"的观点,已经晓之于理了很久的我,内心开始升腾起一股难以压抑的怒火……

第一步:建群

"把这件事情告诉你们家长,让他们好好收拾你们!"我一边心里想着,一边开始动手,把涉事的七个学生的家长全部拉进新建的微信群,接着在群里留言:"昨天下午课间几个孩子在教室里,双脚同时离地往教室里的书包柜和后面共享的大桌子上跳。其中有人一脚踢在桌角上,踢坏了桌脚。"附上桌脚照片为证后,继续写道:"我想问问几位家长,你们对这件事情的看法。希望大家能够私聊,把自己的想法告诉我。"

很快,第一位家长回复"损坏公物,必须赔偿"。

原来,家长和孩子一样"就事论事",忽略了事件背后的更为重要的教育价值。

陆陆续续地我看到其他几个孩子的爸爸给我私聊留下的口讯。

"学校来维修,费用我们几个家长来承担。"

"回家和他谈谈这个动作的危险性,还有损害公物应当承担责任。"

"损害公物肯定要赔偿,如果有零花钱的,让他们自己承担!做什么事就有什么样的后果,应该有担当。"

其中一位爸爸,给我留言"戴老师,我觉得这事情可以有两种处理方案。第一种是,由参加的人一起赔偿,然后做检讨。第二种是谁踢坏的,谁负责赔偿,大家一起来做检讨。""那肖爸倾向于哪一种处理方案呢?"我追问。"第一种更好些"家长回答。

通过私聊,大致了解家长们对于这个事件的看法,我进一步明确了自己下一步处理的方式——与家长形成合力,共同教育孩子。

第二步:指导

放学前,我在群公告中写道:

"下班前,我跟七个孩子就这件事进行了一次集体教育。要求孩子们回家做3件事。1.主动把整件事的原委告知家长;2.认真写一份检讨(检讨书包括四个部分,已指导孩子们);3.邀请家长通过微信或者明天直接到校跟我沟通。"

"希望家长们能够抓住这个教育孩子的契机,从安全、文明、责任等多个角度引导教育孩子。孩子们的学业成绩发展很重要,比成绩更重要的是三观教育、安全教育。相信我们家校携手,孩子们一定能够从这次的事件中吸取教训,有所收获,有所成长。"

"至于赔偿问题和处罚方式,家长也可以跟孩子们谈谈。赔偿和处罚是教育的手段、方法。绝不是我们的目的。这一点,我相信家长们一定跟我的想法是一致的。"

三段话构成的群公告,把我的教育步骤和意图呈现给家长。

既给予家长指导,也给予家长信任。

第三步:晒检讨

第二天,我在这个小群里晒出孩子们如约上交的七份检讨书。邀请家长们一起过目,从孩子们的检讨书中大致还原一下整个事件的发生过程。由此,让家长清楚地了解整件事情发生的前因后果,也基本明白自己的孩子在整个事件中扮演的角色,明确后面进一步教育的方向。同时,也提供家长一个相互学习的机会,看看其他家长的教育视角和力度,提升自己的教育能力。

第四步:私聊

在群里晒检讨的同时,我通过微信与七个家庭进行私聊。先了解孩子回家的表现,是否主动向家长汇报。然后,询问家长与孩子的沟通的过程,及时发现问题,进行指导。同时,也在家长对孩子的教育过程中,学习家长们的教育智慧,努力把事情处理得更好。

其中,小朱的奶奶提到:“昨天回家了解了关于跳坏桌子的事,经过您的教育,他对这个行为有所认识的,写检查一直写到 24 点以后了……关于赔偿,他倒是不愿意。我们没意见,损坏东西要赔,这是个道理,按学校的意思吧!或者过几天让爷爷抽空来修理一下看行吧?”

奶奶的建议对我来说犹如醍醐灌顶,顿时有个更好的处理办法。

第五步:维修

在小朱爷爷奶奶的倡议下,群里的其他家长纷纷响应,共同约定双休日来班级开展一次特殊的雏鹰假日小队活动。

在小朱爷爷的指导下,七个男生合力把桌子"翻个身",用卷尺丈量桌脚的长度和宽度,去五金店加工木板。然后轮流动手,在木板上打孔,固定支架,安装木板。最后清理工作现场,并写下劳动体会——维修公物的不容易、破坏公物是对制造者劳动的不尊重、我们要爱护公物。

9.4.2 案例带来的教育启示与思考

在处理"桌脚风波"的过程中,该班主任与七个家庭的家长共同合作,引导学生从偶发事件中,正确认识自身存在的不足,运用恰当的方式承担责任,强化安全意识,增强自我教育和教育他人的能力。把突发的不文明事件,转化为学生成长的积极因素。从教育角色互动来看,正是由于班主任这个学校基础组织的核心,才将亲师生三方共同参与的家庭教育指导活动向前推进。也正是由于班主任这个学校基层组织的灵魂,也得以引发包括班主任自己在内的三方内省,从而各自获得正向收益,皆大欢喜。

第 10 章　学校家庭指导评估的理论与实践

　　评估是学校家庭教育指导一体化中的关键环节之一,具有重要价值和意义。通过评估可以明确家庭教育指导活动是否实现了预定目标,例如改善家庭关系、提升父母教育能力等。评估能够揭示项目的优缺点,为后续的项目设计和实施提供优化建议。通过评估还能确定项目中哪些环节最为高效,帮助合理分配人力、资金等资源。通过评价报告向参与者、上级及社会提供客观数据,增强项目的可信度和公众信任。评价结果可为政策制定者或机构决策者提供数据支持,影响家庭教育相关政策的制定和调整。

　　按评估对象不同,学校家庭教育指导服务可分三类:一类是对机构(组织)的评价,如家长学校的评价、对班级家委会的评价、对指导师(教师)的评价等;一类是对具体的项目或活动评价,如针对单亲家庭儿童的家庭作业辅导项目、针对提高阅读能力而开展的亲子阅读活动等;一类是针对指导者的评价。

　　在实践中,我国对家庭指导服务主阵地之一——学校家长学校的评估历史悠久,也有一定的成熟度,但对学校家庭教育指导评价体系建设的研究和实践相对薄弱。

本章先是粗略地构建一所学校的家庭教育指导服务评估的体系框架,再是重点讨论具体项目(活动)的评价实践操作,最后则简略地讨论对学校指导者(教师)的评价。

10.1 学校家庭教育指导评价体系框架构建

10.1.1 学校家庭教育指导评价的研究现状

邓红等人(2023)①运用 Cite space 引文分析软件,对以"家庭教育指导"为主题的 2004 篇文献(1990 年至 2020 年)进行可视化分析。她的研究发现,围绕家庭教育指导的关键词分别是学校、问题、家长、对策、现状,家庭教育指导的研究集中探讨学校在开展家庭教育指导过程的现状、问题及对策。但在热点研究内容上,集中在以下几个方面:一、家庭教育指导及相关概念辨析,如家庭教育、父母教育、亲职教育、家长教育等;二、家庭教育指导队伍建设研究,如专业知识、专业能力、培养机制、队伍主体构成等;三、家庭教育指导对象研究,主要集中在留守儿童、流动儿童和特殊儿童;四、围绕《家庭教育指导大纲》开展的家庭教育指导内容与形式研究;五、家庭教育指导问题与现状的实践研究。该研究未有单独章节论述学校的家庭教育指导评价。

喻辰捷、王林艳(2019)②以"社区家庭教育指导"为关键词,对

---

① 邓红,梁洁,张欣怡.回顾与展望:国内家庭教育指导研究 30 年——基于 1990—2020 年文献的可视化分析[J].西北成人教育学院学报,2020 年 11 月第 6 期.
② 喻辰捷,王林艳.近三十年来我国社区家庭教育指导研究述评[J].中国成人教育 2019/16.

CNKI 数据库进行跨库检索,对文献 395 篇(时间跨度 1990—2019),文献进行计量和内容分析。分析发现,近 30 年来社区家庭教育指导研究主要集中在以下四个方面:社区家庭教育指导的概念界定;对象和目标;指导内容和原则;指导的模式;指导者队伍建设研究。与上述邓红等人研究的结果相似,该研究报告甚至未出现"监测""评价""评估"等内容。

余金菊,李跃雪(2023)[①]在中国知网以"家庭教育指导""农村家庭教育指导"为主题,时间跨度设置为 2003 年 1 月—2023 年 7 月进行检索。他们通过分析 566 篇文献内容发现,近 20 年来,我国有关农村家庭教育指导的研究依然集中在概念辨析、现状、策略、机制和专业化队伍培养等方面,对家庭教育指导活动(项目)的评价、监测未曾一点提及。

采用上述研究者类似的研发方法,我们团队通过中国知网,分别以"学校家庭教育指导评价""学校家庭教育评估""教师家庭教育指导评价""家校家庭教育项目评价""学校家庭教育指导评价""教师家庭指导项目评价""家庭教育指导服务体系"等主题词,对近 10 年的(2015 年 1 月至 2025 年 1 月)的 94 篇文献进行热词和内容分析,除了针对家庭教育指导师专业能力评价的 5 篇外,专门论述学校(或教师)家庭教育项目评价的文献竟然为 0。

研究的结果符合我们的推断,以学校为整体考察角度,学校家庭教育指导服务评价体系、家庭教育指导一体化的项目(活动)评价无论从理论还是实践,其研究几乎空白。

[①]　余金菊,李跃雪.近二十年国内农村家庭教育指导综述与展望[J].教育观察,2023 年 6 月第 12 卷第 18 期.

10.1.2 学校家庭教育指导评价体系框架的构建思路与内容

家长学校是学校开展家庭教育指导及其服务活动的平台。考察学校家长学校的评估对学校家庭教育指导的评价具有理论和现实意义。

2016 年,我国学校系统普遍建立家长学校并常态化开展活动,已建设有幼儿园、小学、普通中学和中等职业学校家长学校 33.8 万余所。[1]2024 年,我国幼儿园、小学、普通中学共计 48.56 万所[2],估计家长学校不下 40 万所,涉及亿万家庭的幸福。因如此之巨,又如此之重要,早在 2010 年,全国各地就陆续开展对校办家长学校展开了评估。但早期对家长学校评估还是以硬件(教室、图书、电脑)配置是否达标为主,谈不上对项目活动和科研课题评估,更不用说对整合社区资源的活动评估。

2023 年 1 月教育部等十三部门联合发布《关于健全学校家庭社会协同育人机制的意见》。《意见》提出了三个方面的重要举措。首要一个就是学校充分发挥协同育人主导作用。就学校如何开展家校社协同开展家庭指导服务,《意见》提出了系列措施,诸如:创新日常沟通途径,认真落实家访制度,把做好家庭教育指导服务纳入学校工作计划,将教师家庭教育指导水平与绩效纳入教师考评

---

① 我国推进家庭教育,建成家长学校逾 33.8 万所[E/OB].中国政府官网 https://www.gov.cn/xinwen/2016-11/24/content_5137226.html.

② 教育部举行新闻发布会.介绍 2023 年全国教育事业发展基本情况 http://www.moe.gov.cn/fbh/live/2024/55831/mtbd/202403/t20240320_1121288.html.

体系,建立健全学校家庭教育指导委员会、家长学校和家长委员会,落实家长会、学校开放日、家长接待日等制度,每学期至少组织 2 次家庭教育指导活动,把统筹用好各类社会资源作为强化实践育人的重要途径,依据不同基地资源情况联合开发社会实践课程等等。

上述的措施、原则、理念都是地方制定学校家庭教育指导服务评价标准的主要依据。例如,根据《意见》精神和要求,上海市 2023 年 6 月颁布了《家庭教育工作示范校(2023—2027)评估标准》①。上海示范学校评估的标准体系又为各校的家庭教育指导服务评估提供了框架。

《上海市家庭教育工作示范校(2023—2027)评估标准》设置了 4 个一级指标(A),13 个二级指标(B)和 32 个三级评估点(C)。一个三级评估点就可策划一个评估项目,或者策划一个指导项目(活动),或者它本身就是一个项目或活动。

比如,A1 保障条件—B2 工作机制—C1"建立由校(园)长负责、相关方共同参与的家庭教育工作领导小组,每学期至少召开 2 次家庭教育工作专题会议,能定期总结、反思、推进校(园)家庭教育工作。"就可以规划一个项目评估:家庭教育工作小组学期工作成效评估。

又比如,A2 家校协同—B6 家长学校—C3"家长学校每学年至少组织 6 次公益性家庭教育指导和实践活动,家长参与率达 90%,有记录、有反馈;对优秀家长学员进行宣传。"我们可以据此策划一系列的 6 个公益活动(项目),并设计一个名为"×学年家庭教育指

① 上海市家庭教育工作示范校评估指标(2023—2027 年).上海市人民政府官网 https://www.shanghai.gov.cn/gwk/search/content/6a707e16f2f347a9a85e7fe8287afbb5.

导服务公益项目可行性/执行/成效评估"的方案。

再如,A2 家校协同—B7 家校互动—C2"多途径开展个性化指导,认真落实家访制度,学校领导带头开展家访,班主任、导师等组团家访,每学年对每名学生至少开展 1 次家访,了解学生家庭生活状况,及时提供有针对性的指导。"就可以分学校、年级和班级就"家访专题"展开项目评估。

还如,A2 家校协同—B7 家校互动—C3"充分运用现代信息技术和微信等新媒体,建立家校互动、信息沟通服务平台,有家庭教育指导相关内容,且内容及时更新,并建有相应的管理制度。"就可设计一个评估项目,名为"家校互动传媒计划、管理与效果评估"。

以下是笔者团队根据上述方法,依据《上海市家庭教育工作示范校(2023—2027)评估标准》编撰的校本家庭教育指导一体化的评价框架。

表 10-1 学校家庭教育指导评估体系框架

A1 保障 条件	B1 整体规划	C1 家长"四权"保障程度评估
		C2 学校家庭教育指导服务发展规划可行性评估
		C3 学校家庭教育指导服务年度计划可行性/成效评估
	B2 工作机制	C4 家庭教育工作领导小组工作成效评价
		C5 骨干团队岗位职责与分工优化计划(计划中要含有评估方案)
		C6 教师(导师)家庭教育指导水平与绩效评价
		C7 家校社协同育人××项目(活动)评估

A1 保障 条件	B3 师资队伍	C8 (教)师××专题培训项目评估
		C9 (教)师××研修项目(活动)评估
		C10 志愿者指导水平和成效评价
	B4 经费保障	C11 家庭教育指导服务年度经济效能评估
A2 家校 协同	B5 家长委员会	C12 家长委员会学期工作成效评价
	B6 家长学校	C13 家长学校××学年度工作规划可行性评估
		C14 家长学校日常管理评价
		C15 特殊家庭教育指导项目评价
		C16××公益项目可行性/成效评估
	B7 家校互动	C17 家庭指导服务校园例行活动评估
		C18 学校/年级/班级家访专题项目评估
		C19 家校互动传媒计划、管理与效果评估
		C20 社区合作计划可行性/效果评估
A3 教育 成效	B8 科学研究	C21 家庭教育指导年度科研计划可行性评估
		C22 家庭教育指导××课题项目评估
	B9 课程建设	C23 家庭教育指导课程开发计划可行性评估
		C24 家庭教育指导××专题课程开发项目评估
	B10 家长满意度	C25 家长满意度调查
	B11 社会评价	C26 社会满意度调查
A4 特色 示范	B12 特色品牌	C27 家庭教育指导服务××特色项目评估报告
	B13 示范辐射	C28 家庭教育指导服务××模式研究项目评估报告

10.2 家庭教育服务项目评估的理论与实践

10.2.1 家庭教育服务项目概念与内涵

美国项目管理协会(PMI)是全球性的项目管理行业标准、方法和研究的权威机构。由 PMI 组织编写的《项目管理知识体系指南》是这样定义项目的:项目是为创造独特的产品、服务或成果而进行的体系化的工作,其有临时性、独特性和逐步明确性等特性。[①]

将项目的定义和特点应用到家庭教育指导项目上,家庭教育项目可以定义为:为实现家庭或家长某一特定的教育目标,从计划、实施到评估过程中的有限期限的举动或活动。家庭教育项目有以下特点:一、临时性。例如,一个家长培训项目的目标可能是让家长在一个学期内提高与孩子的沟通能力。这个项目有一个明确的开始时间(学期开始)和结束时间(学期结束)。二、独特性。家庭教育项目也具有独特性。每个孩子的生长环境、学习需求和方法都是不同的,因此,家庭教育项目需要根据孩子的具体情况制定个性化的教育方案。三、逐步明确。在一个为单亲家庭孩子提供陪伴的项目的初期,可能只知道家长在陪伴时间上有困难。但是,随着项目的进行,孩子在学习上例如学习习惯、算术、英语上存在问题,需要加以解决,例如请家教、购买辅导教材或使用在线学习工具等,都会逐渐明确。

---

① 百度百科—项目 https://baike.baidu.com/item/%E9%A1%B9%E7%9B%AE/477803.

10.2.2　家庭教育服务项目评估的逻辑与理论基础

家庭教育指导项目属于教育项目,教育项目又属于公共及非营利组织项目。所以,结合我国实际情况,参考国内外公共及非营利组织项目(我们可以理解为社会工作项目或公益性项目)评价,对建设我国家庭教育项目评估体系具有现实的重大的参考意义。

项目是为创造独特的产品、服务或成果而进行的体系化的工作,是完成一个目的或一组相关的一系列活动的集合或活动群,又可看作手段—结果关系(mean-ends relationships),即消耗相应的资源,或将资源转化为活动,并经由这些活动实现预定目标。打个贴切的比喻,项目的过程就像工厂装配线装配过程,以一定的方式将资源(如原材料、部件、人力、机械和知识)组织起来,产生项目输出(雅普·希尔伦斯等,2017)[1]。

但作为公共及非营利组织的项目,它与生产型的项目不同,它是一个开放的动态的系统。与生产装配线封闭管理(固定的原材料、人力、机械、能源动力和装备技术)不同,一般情况下,教育项目会从外部环境"获得"输入,并向外部环境"产生"输出的过程,而且输入和输出关系可以随着时间的改变而改变。这个动态过程中主要的部分就是反馈,而项目评估(包括效果评价)就是反馈的一部分。正向的项目评估结果反映出项目运作良好,负向的项目评估结果则表明项目需要停止、调整或改进。一个良好的项目管理系统中,从项目设计到利用评估结果信息来调整项目"输入"或项目

---

① ［荷］雅普·希尔伦斯等著,边玉芳等译.教育评价与监测——一种系统的方法［M］.教育科学出版社,2017 年版,第 20—21 页.

目标,这个整个过程可以被看作是一个完整的项目管理循环。

从项目过程是一个开放的动态体系和逐步明确的特点,将项目评估分项目立项前评估、项目实施过程评估和项目结项评估三阶段是非常必要的。

简而言之,项目运行的逻辑就是,有需求,才有满足需求(项目目的)和投入资源的动机;为实现特定目的(满足需求),需要投入资源;将已有资源转化为一个或多个项目活动;由项目活动产生结果(没有达到目的、接近目标或优于目标)。其底层的逻辑就是:需求影响目的,目的决定影响投入(或项目输入),资源投入影响项目活动(输出),项目活动(输出)影响项目结果,整个活动过程呈因果关系,即因果模型。由于项目实施是一个动态的开放系统,有必要进行事前、事中、事后甚至更多层级的评估。

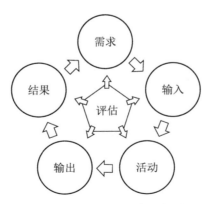

图 10-1　项目运行及评估逻辑模型

为了更清楚地说明这一因果逻辑模型,现举古美学校一个家庭指导特殊专项项目——"单亲困境母亲帮扶项目"为例:

　　上海市古美学校有很多单亲家庭(具体数据不便公布),这些单亲家庭中,有不少家庭不仅在孩子的教育和沟通上存在困难,而且在自身心理上存在困扰。2023 年,古美学校发起家访、上门指导和募集善款等专项指导活动,聚焦单亲困境母亲家庭的家庭教育服务需求,第一期于 8 月启动,项目以周为周期,组织 43 名教师参加,覆盖小学和初中全年级,筹款11 230 元,通过个案跟进、家庭教育指导活动等方式,对单亲困境母亲家庭实施关爱帮扶。第二期项目为复访,组织 32 名教师参加,于 2024 年 2 月启动,投入 6 800 元。

　　古美学校单亲困境母亲帮扶项目的逻辑模型如表 10-2 所示,它包括项目需求、输入、活动、输出和项目结果五项,其中项目结果又分为:短期结果、中期结果和长期结果。

表 10-2　古美学校单亲困境母亲帮扶项目逻辑模型

实　　施	
需求/目标	■　需要提高亲子沟通技巧 ■　需要增加陪伴孩子的时间 ■　需要帮助辅导孩子功课 ■　需要心理辅导
输　　入	■　投入 19 830 元 ■　组织家庭教育上门服务 X 次 N 小时 ■　组织心理咨询师提供服务 X 次 N 小时 ■　提供交通工具和活动场所 ■　印制宣传材料和公众号传播 ■　与需要的人与组织(6 个)建立关系 ■　举行了 2 个专题研讨和总结会议

实　　施	
活　　动	■　校内申请专款和公益募捐 19 830 元
输　　出	■　覆盖家庭 X 个(保密) ■　提供亲子教育　服务 68 人次 ■　学业辅导　110 人次 ■　心理服务　21 人次

结　　果	
短期结果	■　促进 13 户家庭亲子教育方式更科学、亲子关系更融洽 ■　助力 14 名子女提升学习成绩 ■　X(保密)名母亲及其子女情绪调节能力提高
中期结果	■　古美学校的困境单亲母亲提高了家庭和亲子教育 ■　单亲母亲的自我心理疏导技能提升了 ■　困境单亲孩子的学业成绩得到提高 ■　因为有更多时间的陪伴,单亲家庭的孩子的课后活动丰富了和快乐满意度提高了
长期结果	■　整体上,古美学校的困境单亲母亲的身心健康得到了改善 ■　整体上,古美学校的单亲家庭的孩子身心教育得到改善 ■　为闵行区乃至更大区域提供范例和经验

　　输出表示"工作完成了",它是活动的直接结果。结果随着输出而出现,体现了项目的目标。项目逻辑模型往往会显示项目内容的时序性,通常情况下,先投入资源,再出现活动,然后是结果。结果出现的顺序能显示所预设的因果关系。中期结果紧随短期结果,长期结果则是中期结果的最终结果。在对短期结果、中期结果和长期结果进行区分的过程中,我们可以发现,并不是所有的活动结果都可以在项目完成时区分出来。这种情况说明,我们可能需要在项目完成后设置一个或者几个时间点来评估项目的结果,这

个时间可能是 6 个月后,也可能是一年后,具体的时间取决于项目的逻辑。

CIPP 评估模型是国际上广泛应用于教育项目和家庭教育项目的因果评估模型,由美国学者斯塔弗宾(Stuffebeam)提出,该评估模型主要包括四个部分:背景评估(Context evaluation)、输入评估(Inputevaluation)、过程评估(Process evaluation)和成果评估(Product evaluation),CIPP 是由这四个部分的首字母组成。

由于 CIPP 模型及其改进型模型已经广泛使用并得到检验,同时它具有全面性,能够较为全面反映服务项目的整个过程。CIPP 模型还十分重视改善的功能,它帮助项目的决策者增进对服务对象的了解,引导其运用现有资源做最大努力以及如何做出决定。尤其是针对一个正在继续开展的项目而言,能否在项目执行的过程中发现不足并加以改善是未来可以努力的方向。

10.2.3 家庭教育服务项目评估的内容与重点

一、项目需求

项目需求的评估是确定服务是否满足项目目标群体(主要是家长或未成年人)的需求。这包括了解他们面临的具体问题,他们期望得到什么样的帮助,以及他们对服务的期望。这可以通过问卷调查,访谈,小组讨论等方式收集数据。

服务需求的评估也应考虑到目标群体的年龄,性别,文化背景,家庭状况等因素。同时,还要考虑到项目的社会背景和政策法规,了解项目所在社区或地区的特点、文化背景、经济情况等,以便确定项目是否与当地需求相符，研究相关政策和法规，了解项目是否符合法律规定和政策要求。

项目需求评估另外一个重要的维度就是，项目的可操作性、安全性、公正性。

二、项目输入

项目投入评估首先是确定执行者是否有足够的人力资源（项目所需要的师资力量、志愿者、家庭教育专家等人力资源的充足性和专业性）和物质资源（项目所需要的场地、设备、教材、经费等物质资源的可用性和充足性），来满足目标群体的需求和实现服务的目标。这包括了解服务的预算，人员，设备，材料，信息，以及服务的管理，监督，支持等。这可以通过审查记录，访谈，调查等方式进行。服务资源的评估也应考虑到资源的可持续性，公平性，适用性等因素。

输入评估还要关注项目的策划和设计，评估项目的目标、内容、方法、活动等方面的策划、计划和设计是否合理和可行。

三、项目活动与过程

过程评估主要关注项目的实施过程和活动的质量，以确保项目按照计划进行并达到预期效果。这可以通过观察，访谈，审查记录等方式进行。服务过程的评估也应考虑到服务的连续性，协调性，灵活性，以及参与性等因素。在过程评估中，我们会考虑以下三个方面：

活动实施：评估是确定服务是否按照计划、专业的标准和伦理进行。这包括了解服务的步骤，方法，技术，以及服务提供者的角色,态度,技能等。

参与度和满意度:评估项目参与者(如家长、孩子等)的参与度和满意度,以了解他们对项目的认可和反馈。以及项目中的与反馈互动及其结果。

效果监测:评估项目的效果和影响,例如技能的提升、家庭关系的改善等。例如,假设我们评估一个家庭教育项目,我们可能会观察项目的课程实施情况,收集参与家长的反馈和评价,以及跟踪家长在教育技能方面的进展。

四、项目成果与影响

成果评估主要关注项目的成果和影响,以确认项目是否达到预期的目标和效果。在成果评估中,我们会考虑以下方面:

目标达成:评估项目是否实现了预期的目标,例如促进家庭教育技能的提升、改善家庭关系等。

影响评估:评估项目对家庭、学校、社区等方面的影响,例如家庭教育水平的整体提升、教育资源的合理利用等。

持续性评估:评估项目的持续性和可持续性,以确定项目是否能够在长期内产生持久的影响。比如,总结一套行之有效的经验、模式和开发了实用应用技术等。

10.2.4　家庭教育服务项目评估体系的构建与应用

一、评估内容体系

一个较为完整的家庭教育项目评估体系应该包括以下几个内容:(1)评价目的:解释评价的目的和意义,例如:评估家庭教育项目的效果、改进项目的质量、提供决策支持等。(2)评价原则:阐述评价的原则和价值观,例如:客观、公正、可靠、透明、参与等。(3)评价指标体系:这是项目评价中最重要的部分。建立家庭教育项目评价的指标体系,包含一级指标、二级指标、三级指标。各个评价指标的权重和评价标准(计算公式等)。(4)项目评估方法。提供可行的评估方法,包括定量和定性方法。例如:问卷调查、访谈、观察、文献分析等。并说明每种方法的优缺点和适用场景。还包括指标测量工具与方法等。(5)项目评估工具。就是在项目评估过程中要用到的各种调查问卷(如父母或监护人调查问卷、项目实施者满意度调查问卷)、访谈记录表、观察登记表、座谈会的会议记录、文献分析表等。(6)评价结果的应用。解释如何分析和解释评价结果,并将其应用于项目改进和决策制定。(7)评估报告。对项目的背景和目标进行简要介绍,包括项目的起因、目的和预期效果。就指标体系的核心模块,逐一介绍经评估的基本情况。总结评估的结果和发现,包括项目的优点、问题和改进建议。对评估指标的达成情况进行评价,并分析项目的影响因素。根据评估结果,提出结论和建议。

二、评估指标体系

在参考 CIPP 评估模型相关理论和实践案例、我国《全国性社会组织评估管理规定》等法律法规、公益项目绩效评估方法以及深圳、上海等地的社会组织评估方案后,我们编制了"家庭教育项目(参考)评估指标体系"(见本章附件),以供使用者参考。这个体系包括 4 个一级指标,20 个二级指标和 40 个三级指标。使用可根据项目需要,增减或调整指标,以达到使用之目的。

表 10-3　学校家庭教育指导项目评估指标体系（大纲）

一级指标	二级指标	三级指标	主要评估要点
A1 需求与目标（项目方案）	B1 问题需求	C1 需求的准确性	家庭教育服务项目的策划是否专业、规范；服务对象界定是否符合项目基本要求；对服务对象需求的调查分析是否准确，需求分析报告结构是否完整，是否能根据需求合理界定目标和目标指向；服务计划是否具有逻辑性和可操作性；是否有效回应服务对象需求和项目目标要求；预算方案是否体现目标相关性，政策相符性，经济合理性，公益导向性的原则。
		C2 需求的合理性	
	B2 目标设置	C3 目标设置的合理性	
		C4 预算的合理性	
	B3 服务计划	C5 服务计划可操作性	
		C6 服务计划的完整性	
	B4 政治政策导向	C7 政治政策方向	
		C8 公益导向	
A2 资源输入（项目实施）	B5 执行者准入评估	C9 项目实施者的资质和资源	在项目立项前对项目实施者的资格、专业等级及物质保障进行评估和审核。
		C10 项目实施者的物质保障	
	B6 人力资源配置	C11 专业人员数量	专业人员配备与使用。在项目实施中，是否能够按照项目方案中的计划配备相应的家庭教育相关专业人员，并在项目实施中发挥相应作用。在人员使用过程中，是否能够做到分工明确、优势互补、团队协作。
		C12 团队激励机制	
		C13 团队协作程度	
	B7 物资配置	C14 场地与环境	在项目实施中，使用的场地、环境、设备、服务设施，相关物资和是否与项目运行需求相匹配。
		C15 设备设施	
		C16 物料	

续表

一级指标	二级指标	三级指标	主要评估要点
A3 过程管理 (项目推进)	B8 伦理及服务价值运用	C17 伦理及服务价值与项目的匹配性	在项目实施中,是否真正体现家庭教育者"以人为本,助人自助"的价值观和"平等、尊重、接纳、保密"等专业原则。在人员提供服务过程中,是否严格遵守家庭教育专业伦理。
		C18 财务管理制度的执行	
	B9 项目传播与推广	C19 传播推广计划的合理性	是否制定了合理的传播计划,是否采取了合适的推广活动,传播媒介、渠道和工具,以便让项目在更短的时间,更低的成本条件下,更多人了解、参与和收益。
		C20 传播推广计划的执行	
	B10 过程中改进与发展	C21 没有过程评估中自发改进机制	在项目实施过程中,能对上级督导提出的问题,及时改进。
		C22 自我改进有结果	
		C23 自我评估	参照主管机关或上级机关的发展规划和相关标准,在项目实施中和后续推进中,对项目的重点节点进行检查,评价和质量检测,并形成自我评估报告。
A4 输出 (业绩与效果)	B11 目标达成程度	C24 整体目标达成情况	(1) 项目规定的服务目标达成情况; (2) 项目规定的服务数量完成情况; (3) 项目规定的服务对象改善情况; (4) 项目规定的资金使用效益情况; (5) 项目规定的服务组织,其专业团队从项目实施中得到的发展或改善的情况。
		C25 服务数量达成情况	
		C26 服务对象改善情况	
		C27 资金使用效率	
		C28 项目参与者在技能、身心发展状况得到的改善情况	

续表

一级指标	二级指标	三级指标	主要评估要点
A4 输出（业绩与效果）	B12 项目满意度	C29 服务对象或客服服的满意度	评估服务对象、上级、项目实施者和社区对家庭教育项目成效的满意度；项目一般的获奖情况。
		C30 项目实施者的满意度	
		C31 项目管理者的满意度	
		C32 项目实施社区等外部环境的满意度	
		C33 项目获奖情况	
	B13 项目社会效益	C34 总结及研究成果	对项目的影响力、可持续性、可推广性进行评估。总结专业实践经验，探索专业服务模式，形成专业研究成果情况；对项目可持续发展的思考与建议；数相关部门采纳情况，挖掘社区资源，发动社会组织与居民参与，获得社会力量支持情况。
		C35 经验、技术、方法与成果的社会应用	
		C36 社会资源聚合与反响	
自主评估项目			

设计说明：

（1）把项目的业绩和成效的权重加大。毕竟家庭教育项目实施的目的，就是要有结果和效果。所有的背景、输入和活动，都是为了得到效果。项目成效的达成，均由项目一个个活动运行的结果、活动加入和过程评估的有效管控、项目结果就有可能接近或超过目标。反之，则可能达不到结果，甚至会产生负面效果。同时，也加入和过程评估和自我评估，在因果逻辑模型中，过程中评估中评估中既是又是因，又是因。在活动过程中末改过评估末改是与得最好的结果。

（2）注重过程管理。项目业绩和成效，均是项目一个个活动运行的结果、活动加入和过程评估的有效管控、项目结果就有可能接近或超过目标。反之，则可能达不到结果，甚至会产生负面效果。同时，也加入和过程评估和自我评估，在因果逻辑模型中，过程中评估中既是又是因，又是因。在活动过程末改过评估末改是与得最好的结果。

（3）注重伦理和规范。家庭教育项目运行一般都是涉及心理的、社会的、伦理的活动，而目还是与未成年人紧密相关。特别是涉及特殊儿童、单亲家庭的项目，不注重隐私可能会引起二次伤害。

（4）留出自主空间。考虑到各地区不同和条件不同，一级指标中增加了"其他"这一机动指标。

191

10.3　指导者(教师)评价的现状与改进策略

10.3.1　教师家庭教育指导评价的现状与问题分析

2019 年 6 月,中共中央、国务院颁布《关于深化教育教学改革全面提高义务教育质量的意见》,提出要提高教师的家庭教育指导能力,将其纳入建设高素质专业化教师队伍的要求中。2021 年 10 月通过的《中华人民共和国家庭教育促进法》提出,中小学校、幼儿园应当将家庭教育指导服务纳入工作计划,作为教师业务培训的内容。2023 年 1 月,教育部等十三部门联合印发的《关于健全学校家庭社会协同育人机制的意见》进一步明确指出,学校要把做好家庭教育指导服务作为重要职责,纳入学校工作计划,充分发挥学校专业指导优势;切实加强教师家庭教育指导能力建设,将纳入教师考评体系。可见,提高教师家庭教育指导能力、专业化培训和对教师家庭教育指导水平与绩效考核,是推进我国家校社协同育人和学校家庭教育指导质量的重要路径。

制度上,有如上规定;认识上,我们都认为对指导者(教师)的考评非常重要;理论上,各种各样的教师家庭教育指导能力指标体系纷纷出现在各类文章和研究报告之中。可是实践操作上,对学校教师的家庭教育指导模块的考评却难以做实。

为什么会出现这种情况?

我们用"条件—意识—能力—行动—结果"链条的"认知—行为"过程来解释。

先谈条件。大多数学校的教师工作内容和工作量是根据学校的工作计划来安排的,这也意味着工作内容和工作量可能是变化的,例如有的教师是主持某项课题研究,有的教师是组织家长开展家庭教育指导实践活动。至于工作量,如"至少组织 6 次公益性家庭教育指导和实践活动",学校就按照 6 次活动来开展工作。而这6 次公益活动,也不是所有教师都必须参加。这种因条件的变化而变化工作内容和职责,如何公平地反映在对指导者的考评中?

再谈意识。通过各个机构的研究和我们古美学校的研究表明,绝大多数教师都认可家庭教育指导的重要性和必要性,也愿意去做这个工作。态度和意识非常重要,但并不意味着可以做好。主要原因是态度和意识是思维活动,是最不好评估的,要评估也是多靠上级的主观评价。在当前的条件下,就家庭教育指导工作,不宜对指导者进行态度或意识上的考察和评估。

再谈能力。多数家长的家庭教育问题都有共性,所应用到的技能也不特别高深,加上学校设有心理教师这样专职岗位,因此对多数教师而言,并非非得要具备几十项能力。更何况在现实上,教师的日常教学任务繁重,学校也无更多的资源来支持教师去掌握如此多的专业能力。因此,在对教师的考评上,过于重视能力的考评是值得商榷的。

再谈行动。学校家庭教育指导工作是学校诸多工作中的一部分,但要做的事非常多,不可能做到面面俱到,也不能每件事都做得完美,但又必须要做且要尽量做好。因此,工作做多少和做到什么程度需要做恰当的界定。大多数学校对教师家庭教育指导工作的考评之所以难以落地,其主要原因之一就是对工作量与工作程度的界定不清或者没有界定。

最后谈结果。当前,多数学校对家庭教育指导的效果考评止于家长满意度的调查,而非最终目标——学生的发展监测上。考虑到学生的发展是隐性的、长期的,监测是比较困难的,这也是可以理解的,但家长满意度不应该是最终的唯一的考评结果。

10.3.2 教师家庭教育指导评价的改进策略与实践

针对上述情况,我们认为,当下学校对指导者的考评改进策略有四:

一是根据条件不同制定有变化的考评方案。比如,分普通指导师、种子指导师和首席导师,能力越大责任越多。还可以分中层管理者指导师、班主任指导者和一般教师指导者。再比如,分小学学段、初中学段和高中学段。根据规定不同工作职责和内容进行考评。

二是不过于强化能力的考评,而强化对工作强度(如每周不少于4小时)和工作任务完成程度的考评。如古美学校对家访的规范,新接班班主任100%家访,导师每学期家访人数不少于2/3等。

三是清晰地界定教师在家庭教育指导模块的工作任务和工作量。比如,列出日常家庭教育指导工作必做20项工作,将每项工作任务数量化,如组织亲子科学营活动2次,家长亲子阅读活动2次。

四是除了家长,尽量通过多个参与者(比如上级管理者,参与项目的志愿者或社区合作伙伴)调查和互联网技术对结果进行评估,以确保结果的公正性。

【古美实践】

古美学校制定了"全员导师制评价激励"机制,将导师家庭教育指导水平与绩效纳入教师年终考评体系,充分发挥学校绩效奖励的杠杆作用,点燃导师在家庭教育指导领域的工作热情。

上海市古美学校全员导师制工作实施方案

一、指导思想

坚持以习近平新时代中国特色社会主义思想为指导,全面贯彻党的教育方针,落实立德树人根本任务,构建全员、全程、全方位的育人工作体系,倡导"人人都是德育工作者""人人都是家校沟通协调者和家庭教育指导者"的育人理念,遵循教育规律和学生身心发展规律,促进每一个学生的健康快乐成长,培养担当民族复兴大任的时代新人和德智体美劳全面发展的社会主义建设者和接班人。

二、工作目标

通过实行全员导师制,建立并逐步完善"教师人人是导师,学生人人有导师"的制度体系和运行机制;增强教师的育人意识和能力,建立健全良好的师生关系,降低学生过度的学业、情感压力;优化家校沟通,提升教师沟通技能,缓解家长焦虑,共同营造温馨友好、和谐共育,同频共振的家校沟通氛围。

三、实施步骤

1. 组织领导

为了保证全员导师制的顺利推进,学校成立学生成长全员导师制实施领导小组和工作小组,全面统筹管理和监督相关工作,做到目标明确，责权统一，分工合作，落实落细。

组长：王静

组员：邢明、潘晶、陈怡琼、王敏静、陈晓蕾、刘春德、吕晓明、马婧、姜剑峰、各年级组长、教研组长、家委会成员

2. 宣传发动

在推进全员导师制的过程中，学校通过教工大会、升旗仪式、微信公众号等形式向学校教师、学生作全员导师制工作的宣传，使全体师生们认识到全员导师的重要意义；以家长会、告家长书的形式向家长宣传，充分发挥三级家委会的作用，听取家长建议并不断完善校本实施方案。

3. 排摸建档

在开展全员导师制工作之前，学校对全校学生的具体情况进行全面排摸，包括学生的家庭状况、身体状况、个性特征、兴趣爱好、思想品质、行为习惯、心理素质、学习成绩等。

4. 匹配导师

（1）在"教师人人是导师，学生人人有导师"的原则指导下，我校在选配导师的过程中采取"全员参与、双向选择、个别微调"的匹配方式，充分尊重学生的自主选择权，每位导师与学生之间的配置比例原则上不超过 1：15。

（2）根据每学年的年级、班级教师的任课情况，以年级组为单位，提供班级可选择的导师名单，学生借助网络平台进行自主选择，填写导师选择志愿。新生在开学后一个月内，其余年级师生在开学后两周内，可根据双方意愿进行"微调"。学校指导年级组统筹协调作师生匹配的微调之后，最终确定每位导师和学生的匹配

结果并予以公布。

（3）为了给导师和学生搭建熟悉的沟通平台，以班级为单位建立导师团，原则上由班主任和任教班级的任课教师组成，班主任作为导师团组长，是导师制工作的组织者和协调者，其余导师是班级管理工作的参与者、践行者，班主任与其他导师协同合作，定期开展导师团集体研讨，形成促进学生全面发展的"班级教育共同体"。

（4）针对个别重点关注学生，采用"多对一"方式匹配多名导师，并根据不同类型特殊需求学生针对性地配备行政人员、党员、心理教师、德育骨干等导师，给予适时有效的帮助。

（5）班主任召开导师团会议，向导师团公布匹配情况，向导师介绍班级情况，使导师充分了解学生的兴趣爱好、学业优势、学习风格、同伴关系、个性特点、家庭背景等情况，尤其是重点关注学生。

（6）以班级为单位，由班主任组织导师团与班级学生进行签约仪式，为导师颁发聘书，清晰师生双向选择，明确双方职责任务。

（7）利用家长会等渠道，让家长了解导师制和本班导师与学生结对情况，取得家长的理解与支持，为全员导师工作开展营造良好的氛围。

四、工作要求

1. 导师职责

全员导师制的导师基本职责包括：

（1）成为"良师益友"。导师要成为所指导学生的良师益友，建立尊重平等、相互了解、亦师亦友的师生关系，为每一个学生提供陪伴式关怀与指导。

(2) 做好"家校沟通"。导师要做好与所指导学生家长的家校沟通,建立陪伴支持、真诚互动、协同合作的家校关系,开展科学、有效的家校沟通和家庭教育指导。

2. 导师任务

导师的基本任务是由"家庭教育指导"和"彩虹成长导育活动"共同组成,通过多措并举建立起良师益友关系、全面呵护学生的健康成长。

家庭教育指导:

① 上门家访:每学期开学前,由班主任指导或联合导师开展一次学生家访;

② 理论学习:导师定期向家长推送家庭教育知识(如公众号文章、书籍、视频资源),为特殊家庭提供教育政策解读和资源链接(如资助政策、心理咨询渠道);

③ 方法指导:导师与家长共同分析学生成长问题,制定个性化教育方案,针对家长的教育困惑提供个性化建议(如亲子沟通、习惯培养、电子产品管理等);

④ 家校沟通:导师每月至少1次与家长进行电话或线上沟通,了解学生家庭环境及成长动态,并向家长反馈学生在校表现;

⑤ 谈心谈话:导师要在每学期的重要考试前后、学生生活发生重大变故等关键时间节点,与学生和家长进行一次面对面的谈心谈话;

⑥ 书面反馈:导师在每学期末,要围绕学生本学期的成长发展情况,以积极肯定、正面鼓励和挖掘学生的"闪光点"为导向,撰写

个性化《成长寄语》向学生和家长进行一次书面反馈。

彩虹成长导育活动：

结合学校实际情况，导师可以创造性地申报及开展彩虹成长导育活动：

红色（活力、热情）：参与学生体育活动、红色研学活动等。

橙色（阳光、自信）：参加学生社会实践、公益活动等。

黄色（幸福、温暖）：参与学生主题班会、和学生共进一次午餐等。

绿色（自然、青春）：参与自然寻访活动、仪式教育活动等。

青色（理性、真诚）：与学生谈心、邀请学生去家中做客等。

蓝色（智慧、宁静）：与学生共读一本书、做学习规划、探讨研究课题等。

紫色（浪漫、神秘）：完成艺术创作、欣赏一次艺术展览等。

五、评价考核

每学期结束时由学校全员导师领导小组对"班级导师团"及每个导师工作开展情况进行综合考评。

（一）"班级导师团"的考评内容参见温馨班级评价细则，对符合下列条件的导师团队予以嘉奖：

1. 班级各科平均成绩显著提高。

2. 在各类学科竞赛及体育、艺术、心理、劳动、科技、社会实践等方面取得显著成绩，获得校、区、市等第奖和荣誉称号。

3. 学生自主管理能力强，班级每月考核排名和流动红旗获得率在年级中名列前茅。

4. 出现一批有个性特长的学生和学生干部，在各项活动中崭露头角。

5. 无严重违纪事件,行为问题、心理问题的学生帮教转化工作落实,成绩显著。

(二) 对每个导师的评价

建立优秀导师的绩效分配制度,每学期开展一次七彩成长导师评选活动,对全员导师工作中表现突出的优秀教师的展示与表彰,将导师的工作经历及成效作为教师职称晋升、创先评优等的重要参考,强化导师工作的激励保障。

评价主要依据如下:

1. 家长满意度测评:每学期末通过匿名问卷评估导师沟通态度、指导效果并收集家长改进建议。

2. 学生发展评估:结合班主任、心理教师记录评估和跟踪学生行为习惯改进、学业成绩进步等发展情况。

3. 过程材料检查:检查《工作手册》记录情况、彩虹成长导育项目申报及完成情况、上交全员导师制工作的家访日记、德育或心理案例、论文的撰写及获奖情况。

4. 示范辐射:开展全员导师制工作校级经验交流和区域辐射引领情况。

第 11 章　未来展望与思考

11.1　机遇与挑战并存的发展态势

11.1.1　学校家庭教育指导面临的挑战与困境

当前,中小幼学校已成为我国家庭教育指导的主阵地,亦是亿万家庭最希望得到指导的渠道,而且几乎所有中小幼学校都在开展家庭教育指导,并已经取得相当的成效,但也面临诸多挑战。

首先,资源不足是一个普遍存在的问题。由于家庭教育指导需要专业的师资和丰富的教育资源,而目前很多学校在这方面的投入还远远不够。这导致了指导内容和指导效果参差不齐,无法满足家长多样化的需求。

其次,家长参与度不高也是学校家庭教育指导面临的一个重要挑战。由于工作繁忙、对家庭教育认识不足等原因,很多家长对参与学校组织的家庭教育指导活动缺乏积极性。这不仅影响了指导效果,也制约了学校与家庭之间的有效沟通与合作。

第三,多数学校的家庭教育指导依然围绕着指导家长如何"提高孩子学业成绩"进行,距离儿童"全面成长"和"快乐健康成长"的终极目标尚有距离。

第四,多数学校并没有建立一套系统的家庭指导及其服务体系,或者没有进行家庭教育指导一体化。系统的家庭教育指导体系应该包括但不限于以下主要构成:领导机构,家校合作组织及运营,工作规划与计划、家长课程设计与实施,教师专业化发展,家庭教育指导科研,效果评估。多数学校将重点集中在家长课程设计和实施这一环节上,有的学校将家长学校事务完全等同于家庭教育指导,至于效果评估部分,几乎空白。这种缺乏系统发展和整体发展的理念和实践,拖慢了学校家庭教育指导一体化发展的脚步。

11.1.2　学校家庭教育指导迎来的机遇与发展契机

当然,在新时代背景下,学校家庭教育指导也面临着前所未有的机遇。

首先,在承担家庭教育指导职责上,学校不再独自前行,从中央到各级地方政府,无论是在理念、法律、政策和制度及其实施都围绕"家校社协同育人"进行,形成了政府、社会、家庭和学校等各方面力量有组织地投入和支持发展的良好态势。

其次,经过二十多年的探索,家校合作(含家庭教育指导)的理念和方法从开始从国外引入和消化,再到结合国情进行创新,中国也已建立了自己理论和实践基础,从区域(省、区县)、学校、班级和个体层面,都已经积累丰富的经验和案例。这些宝贵的经验和案例,就是下一步学校开展家庭教育指导工作的坚实基础和行动起点。

最后,随着社会的快速发展,教育神经科学、脑科学、生物信息科学、心理学、信息技术和人工智能不断进步，为学校家庭教育指导一体化提供了新的技术、工具和方法，为儿童全面发展创造了更加有利的环境。

11.2　未来发展的趋势展望

在我国，学校家庭教育指导事业的发展深受社会变迁、科技进步和教育理念更新的影响。展望未来，预测其可能更趋于一体化发展的态势。

11.2.1　个性化和多样化兼顾的发展方向

一方面，根据孩子的特质进行指导。随着社会的发展和教育理念的进步，越来越多的家长和学校认识到每个孩子都是独一无二的，他们的成长需求、学习方式和兴趣点都存在差异。因此，未来学校家庭教育指导将更加注重个性化指导，即根据孩子的性格、兴趣、能力等因素，为家长提供更贴合孩子实际的指导建议。另一方面，学校可以根据不同家长的需求，提供个性化的教育指导服务。例如，可以根据家长的职业背景、文化水平、教育观念等因素，提供量身定制的家长教育课程。此外，学校可以通过线上教育平台、社交媒体等途径，提供更加多样化的家庭教育资源，让家长随时随地获得教育支持。这要求指导者不仅具备丰富的教育知识，还需要掌握一定的心理咨询技巧，以便更好地理解和满足家长与孩子的个性化需求。

11.2.2 智能指导的线上线下融合趋势

随着脑科学、教育神经科学、心理学、人工智能、大数据、虚拟现实等科技的发展,未来的家庭教育指导可以通过更多创新的技术手段来提升效果。例如,通过虚拟现实技术,家长可以模拟与孩子的互动场景,进行亲子沟通的培训与演练;通过 AI 推荐系统,家长可以获得个性化的育儿指导,确保每个孩子的需求都能得到充分关注。学校也可以通过在线教育平台,开展家长教育课程和讲座,提供个性化的教育指导。同时,学校还可以利用大数据分析技术,实时跟踪孩子的学习和成长情况,为家长提供更加精准的教育建议。未来,线上线下融合将成为学校家庭教育指导的新模式。同时,线下活动则能够提供更深入的互动和实践机会,让家长和孩子在实际操作中提升家庭教育能力。这种线上线下融合的指导模式,不仅能够提高指导效率,还能够满足不同家长的需求,提升他们的参与度和满意度。

11.2.3 多部门、多领域、多学科协作的发展格局

我国业已形成家校社协同育人的氛围,未来必将深化政府、社会组织(社区家庭教育指导服务机构、心理健康机构等)、家庭和学校的协作,解决学校在家庭教育中资源有限的问题,创造出更为全面的家庭教育指导支持体系。同时,随着孩子们成长过程中的问题日益复杂,未来的家庭教育指导需要更多的跨学科合作,教师、心理学家、社会学家、医学专家等多个领域的专业人士,需要共同参与到家庭教育指导事业中来。

11.2.4　全球视野与本土化结合的发展路径

在全球化的背景下,家庭教育的模式和理念受到世界各国文化和教育体系的影响。未来,学校主导的家庭教育指导不仅要吸收国外先进的教育理念,还要结合本土文化和实际情况进行本土化的改进。学校可以根据本地区的文化背景和教育传统,整合国际视野与本区本校需求,设计出适合本地本校的家庭教育指导体系。

11.3　对未来发展的深度思考

11.3.1　提供有限但有效的家庭教育指导的合理性

一方面,从教育生态理论与实践到交叠影响域理论与实践,从美国《科尔曼报告》到我国《中华人民共和国家庭教育促进法》和《家庭教育指导大纲(修订版)》的颁布,从 70 年前国家正式提出的家校合作到 70 年后(2023 年)提出家校社协同育人,无一不显示家庭教育的长期性。另一方面,家庭教育指导具有复杂性,主要体现其指导效果受到多种因素的综合影响,如家庭内部因素(如单亲家庭、经济困难家庭),不良的社会教育观念(如重男轻女),不良的教养方式(如打骂管教)等外部因素,以及儿童本身的个体差异(如随年龄变化的理解力)等。再一方面,家庭教育指导在实施过程中不可避免地存在一定的局限性,如指导效果的不可控性。

一面是家庭教育指导的长期性、复杂性和局限性,另一面是家庭教育指导需要具备多门类、跨学科乃至无限的知识储备,如何平衡两者,找到最优解? 吴忠涵、张俊提出平衡方案——提供有限但有效的家庭教育知识和指导。

他们认为,当前的一个重要认识误区是,将家庭教育和父母教养的极端重要性,与父母掌握系统而复杂的家庭教育知识等同起来,其实,这个判断中的逻辑是中断的。大部分父母可以凭直觉、记忆和生命历程中的经验解决大部分养育问题。也就是说,父母实践家庭教育并不需要系统的专业知识支撑,父母必须掌握的家庭教育知识是有限的。大量成功教育孩子的家庭中,并没有几个家长是对照家庭教育知识"按图索骥"的。一定意义上,掌握家庭教育知识的"科学性"就等于做好"有限性"这篇文章。家长需要掌握两类有限的家庭教育知识。第一类是父母阶段性地学习儿童的发展知识,以及一些阶段性的儿童发展常见问题的处理方式。第二类是关于教养方式的知识(吴重涵,张俊,2022)①。

我们认为,在当下条件下,提供有限但有效的家庭教育指导比较符合实际。

11.3.2　汲取中华优秀传统文化养分的重要性

西方的教育理念和科学方法确实为我国家庭教育指导提供了有益的启示。然而,许多学校在借鉴欧美教育理念和方法的过程中,往往忽视了中国传统文化中家庭教育智慧,我们有必要反思。

---

① 吴重涵,张俊.家校合作的国际比较与学校研究[M].社会科学文献出版社,2023,第228—229页.

一、以德为先的文化。中国传统文化中，"德行"是教育的核心和首要问题。"德不孤，必有邻""德者，本也""不学礼，无以立""修身，齐家、治国，平天下""有能化善，修身正行，积礼义，尊道德，百姓莫不贵敬，莫不亲誉""君子以天下之公利为其利，不以个人私利为利"。这些有关德行的论述深入人心。从春秋战国时期的《论语》到南北朝时期的《颜氏家训》，从清代《曾国藩家书》到当代"立德树人"，中国关于品德重要性的理念和实践几乎贯穿中国几千年历史。这些论述不仅强调了品德对个人成长和国家发展的重要性，还为后世提供了宝贵的道德指引和修养方法。这些智慧在当今社会依然具有深远意义和现实价值。

二、言传身教的力量。中国古代家庭教育非常重视言传身教，许多家书、家训都是长辈们用自己的亲身经历和感悟写成的教育材料，对子孙后代起到了榜样示范作用。在现代社会，尽管信息传递方式发生了巨大变化，但言传身教的力量依然不可小觑。家长通过自己的言行举止，潜移默化地影响孩子的价值观和行为习惯。因此，学校应该鼓励家长温习和效仿古代优良家风家训，以达到自我修养和以身作则，并通过自身的良好行为为孩子树立榜样。

三、因材施教的理念。孔子提出的因材施教理念，在中国古代家庭教育中得到了广泛应用。根据孩子的不同性格和天赋，采取不同的教育方法和内容，使每个孩子都能得到最适合自己的发展。这一理念在现代家庭教育中同样具有重要意义。每个孩子都是独一无二的个体，家庭教育指导应该尊重孩子的个性差异，帮助他们发掘自身的潜力和优势，鼓励他们追求自己的兴趣和梦想。

四、循序渐进的教育方法。中国古代家庭教育注重循序渐进的教育方法,根据孩子的年龄和认知水平,逐步深入地进行教育。这种教育方法有助于为孩子打下坚实的基础,并逐步提高他们的学习能力和综合素质。在现代家庭教育中,我们也应该遵循这一原则,根据孩子的成长阶段和实际需求,制定科学的教育计划,确保孩子在各个方面都能得到均衡而全面的发展。

五、慈严相济的教育态度。在处理家庭教育中爱与教的矛盾时,中国古代家庭形成了慈严相济的教育方法。既要有慈爱之心,关心孩子的成长和需求;又要有严格地要求,培养孩子的自律和责任感。这种教育态度有助于塑造孩子健全的人格和健康的心理。在现代家庭教育指导中,我们也应该注重平衡爱与教育的关系,既要给予孩子足够的关爱和支持,又要对他们进行适当的引导和约束。

六、环境塑造的重要性。中国古代家庭教育还强调环境对孩子成长的影响。孟母三迁的故事就体现了环境塑造的重要性。在现代社会,家庭环境、学校环境和社会环境都对孩子的成长产生着深远的影响。因此,家庭教育指导应该注重环境的选择和营造,为孩子创造一个有利于成长和发展的良好环境。

七、重视亲情,尊老爱幼的孝道文化。中国传统文化中,孝道是家庭教育的重要内容。孔子提倡的孝道精神强调敬爱父母、尊敬长辈、关心家族的和谐,这不仅仅是一种伦理道德规范,也是一种人际关系的维护。在传统家庭教育中,父母通过亲身示范教导孩子,什么是"孝顺"的真正含义。家庭成员之间的和睦关系、亲情的维系、对子女的教育方法都带有深刻的孝道文化烙印。如今的家庭教育指导可以从中吸取智慧,进一步强化亲子之间的情感联系和相互尊重,让家庭成为孩子温暖的品德教育第一课堂。

八、勤学苦练的实践观。中国传统家庭教育还强调"勤奋"与"实践"。"三更灯火五更鸡,正是男儿读书时""夏练三伏,冬练三九""闻鸡起舞""宝剑锋从磨砺出,梅花香自苦寒来",倡导孩子从小养成勤奋读书、刻苦学习的习惯。在传统文化的影响下,家庭教育注重通过"习惯"的培养来塑造孩子的品性。在父母的示范作用下,孩子不仅学习知识,也学习坚韧不拔的精神。

一方面,欧美等教育发达国家中的优秀家庭教育指导经验,集合教育学、心理学、社会学等专业知识和技能,奉行一套外科手术式的精细作业方法,值得我们借鉴。另一方面,尽管没有西方科学的精细,中华优秀传统文化中蕴含着优秀的家庭教育指导哲学和方法论,在没有欧美教育科学传入之前,我国传统家庭里就培养出无数杰出人物,这充分说明了中国传统家庭教育及文化是相当成功的。因此,将中方家庭教育哲学与西方精细科学相结合,应该是中国式家庭教育指导应有的样子。

11.3.3 爱与责任是家庭教育指导的动力和法宝

笑对"倔草"①

上海市古美学校 余佳玮

小杨是我们年级的"风云人物"这孩子上课不听讲还经常做小动作影响周围的同学,不尊重师长;学习成绩差并且习惯性不交作业。久而久之,他成为同学、家长、老师公认的"坏小子"而他似乎

---

① 本案例获上海市闵行区家庭教育案例评比二等奖。笔者有删减。

也不在意，在多次教育过后，他继续像一棵倔强的小草。

当我督促他补作业时，换来的是他的无数白眼与抵触情绪；当我与他谈行规时，他常常装傻充愣，使谈话根本无法推进，这着实大大打击了我的信心。但是这也让我意识到，小杨的心门还未被打开，而我还需要另辟蹊径，走进他的心里，帮助他解开心结。

通过与家长联系，我逐渐了解到了一些我所不知道的细节。小杨的父母分居两地，父亲在外地工作，只有周末才回家，母亲敏感脆弱，时常与小杨产生摩擦，更无法管教他。因此，小杨现在与外公外婆住在一起，但是外公外婆只能保证让他吃饱、穿暖，并且对孙子十分宠溺，对于他的教育几乎为零。在这样的情况下，小杨逐渐形成了以自我为中心，自由散漫，做事不计后果的张扬个性。但透过这个表象，我也逐渐看到了一个缺爱、无助的小杨。

之后，当小杨再次因为行规和作业的问题来到办公室时，他的脸上像往常一样充满不屑，但是我却换下平日严肃的神情，微笑着先请他坐下，我继续追问道："平时和妈妈相处得怎么样？有什么烦恼可以和老师说说，我给你出出主意。"面对这个从来没有人问过他的问题，他竟一改平日的沉默，开始娓娓道来，虽然言语中充满对妈妈的抱怨，但我看到一个慢慢鲜活起来的小杨，我想，我找到突破口了。我引导小杨从母亲的角度思考问题，尝试与母亲进行沟通，不要一味抵触，并且欢迎他来跟我说说之后发生的改变。

在这之后，我时常与他探讨如何与自己的父母亲相处，对他做得对的点给予赞赏与鼓励，对他的困惑提出建议，我们之间逐步建立起了沟通的桥梁。同时，我也经常同家长联系，告知他们孩子在校的情况，建议不能陪伴在孩子的身边的情况下，也要通过各种渠道了解孩子在校在家的情况,选择适当的教育方式,而不是不闻不问。久而久之,小杨与家人的关系得到了缓和,在十四岁生日的仪式上,他也虔诚地写下给母亲的一封信,并且让我帮忙转交给他母亲。通过这件事,我意识到前期之所以小杨不愿意与我交流,是因为我没有给予他真正需要的关心。因此我要学会读懂学生,让他感受到真正的关心,给予他真正需要的指导。

与父母关系缓和之后,小杨在学习上依旧没有起色,作业依旧出现习惯性不交的情况。经过长期观察,我发现小杨在学习上十分不踏实,但又追求成绩,存在侥幸心理,喜欢耍小聪明。有一次小杨又没有交作业,我问他:"为何不交作业?"他理直气壮地说:"没做。"我继续追问:"为什么不做?"他说:"我觉得没有做的必要。"听到这回答,我立马调整好自己的情绪,调转话题:"你有什么兴趣爱好吗?"小杨一怔,不知道我问这话的目的,但是他开始侃侃而谈自己多么喜欢打篮球,我认真倾听着,随后我追问道:"现在的你以后可以去做你喜欢的工作吗?"小杨原本洋溢着笑容的脸瞬间黯淡了下去,我接着说:"学习不只是完成作业,更是在这个过程中充实、锻炼自己,这样以后你才能选择自己想要的生活,你的现在与你的未来紧密相连,你说是不是?"小杨微微点了点头,接着我帮他分析了跟篮球相关的一些职业以及需要的资质,小杨这时候才意识到自己与理想生活之间的差距,这时候小杨面露难色:"那我现在怎么办?"我说道:"现在先把作业做起来,每天让我来帮你检查作业,行不行?"小杨点了点头。课堂上的小杨依旧不能集中注意力,但是我会请他回答问题,回答得出的时候,我会肯定他,回答不出的时候,我会鼓励他认真听课,再接再厉。

渐渐地,我欣喜地发现:原本上课喜欢做小动作的他,只要我提醒他一声,便会立刻停下;原本对班级事务毫不关心的他,主动在课间为班级扫地;原本与老师关系不佳的他,承担起了帮我收发每日备忘录的工作。当我指出他的问题的时候,他能承认自己的错误,并有意识地开始克制自己的行为,态度变得积极向上了,对未来开始慢慢憧憬起来了。

小杨学习态度的转变其实是他内在认知的改变,之前他习惯性地用自己的思维去对待学习与生活,是脱离现实的。而我用现实生活的教育给他指明了方向,逐渐引导他回到正常的生活轨道。当我微笑面对他、支持他的时候,他的心门慢慢向我敞开,他渐渐收起自己的锋芒,将柔软的一面展示给我,我们之间的紧张感消失了,取而代之的是慢慢建立起来的信任。

现在的小杨在我眼里依旧是一棵"倔草",但是只要给他足够的空间与阳光,我相信,他将会变得郁郁葱葱,生生不息。同时我也从这棵"倔草"身上感受到了教育的成功与感动。

点评: 小杨从一颗缺爱、漠不关心学业、对同学与老师"带刺"的"倔草",转变为态度柔软、对未来有所憧憬并愿意信任老师的学生。余老师呈现给我们的不仅是一篇优秀的家庭教育指导案例,更是一篇用春风化雨般的沟通技巧去化解学生之"倔"的家庭教育故事。从该案例中,我们不只是学习到了班主任余老师的家庭教育指导经验和方法,更感动我们的是余老师务实的工作作风、对孩子的关爱、对家长的理解以及对使命的担当。而这种务实、爱与责任正是学校开展家庭教育指导活动的永恒动力和法宝!

图书在版编目(CIP)数据

赋能成长 ： 九年一贯制学校家庭教育指导一体化的实
践研究 / 王静著. -- 上海 ： 上海三联书店，2025. 5.

ISBN 978-7-5426-8881-1

Ⅰ . G636

中国国家版本馆 CIP 数据核字第 2025HC7593 号

赋能成长:九年一贯制学校家庭教育指导一体化的实践研究

著　　者 / 王　静

责任编辑 / 殷亚平

装帧设计 / 徐　徐

监　　制 / 姚　军

责任校对 / 王凌霄

出版发行 / 上海三联书店

　　　　　(200041)中国上海市静安区威海路 755 号 30 楼

邮　　箱 / sdxsanlian@sina.com

联系电话 / 编辑部：021 - 22895517

　　　　　发行部：021 - 22895559

印　　刷 / 上海盛通时代印刷有限公司

版　　次 / 2025 年 5 月第 1 版

印　　次 / 2025 年 5 月第 1 次印刷

开　　本 / 890mm × 1240mm　1/32

字　　数 / 150 千字

印　　张 / 7.125

书　　号 / ISBN 978 - 7 - 5426 - 8881 - 1/G・1761

定　　价 / 68.00 元

敬启读者,如发现本书有印装质量问题,请与印刷厂联系 021 - 37910000